RENÉ WAGNER

Japan-Reportagen

Helles und Dunkles unter aufgehender Sonne

SOCIETÄTS-VERLAG

CIP-Kurztitelaufnahme der Deutschen Bibliothek

Wagner, René:
Japan-Reportagen / René Wagner. – Frankfurt am
Main : Societäts-Verlag, 1986.
ISBN 3-7973-0441-2

Societäts-Verlag

Schutzumschlag Heinrich Müller
Satz WVD Limburg
Druck und Bindung May + Co, Darmstadt
Printed in Germany 1986
ISBN 3 7973 0441 2

INHALTSVERZEICHNIS

VOM UMGANG MIT JAPANERN

Wer die vielen Konventionen und Tabus durchschaut, die das Leben der Japaner bis in die alltäglichste Verbeugung hinein bestimmen, dem offenbart sich: Die Japaner sind keineswegs unergründliche Asiaten, als die sie von manchem Europäer vorgestellt wurden – und als die sie sich seit einiger Zeit selbst darstellen. Die Japaner leben in einer ganz normalen Gesellschaft, mit den üblichen nationalen Eigenheiten. Sie unterscheiden sich etwa von den chinesischen Nachbarn genauso stark wie die Deutschen von den Engländern.

Die Regeln für das japanische Miteinander, die einem Außenstehenden womöglich kindlich oder auch feudal erscheinen mögen, basieren auf dem Gesetz, dem Landsmann zu verwehren, aus dem Rahmen zu fallen. Der japanische Rahmen ist bestimmt durch den Nutzen für die Gemeinschaft: die Schulklasse, das Unternehmen, die Familie – vor allem aber durch den Nutzen für Nippon.

Nippon, der „Ursprung der Sonne“, bietet den meisten Japanern – trotz all der Widrigkeiten auf ihrem Inselreich – Geborgenheit im Angesicht einer Welt, die ihnen Mißtrauen entgegenbringt. Die Menschen in Asien haben das von japanischen Soldaten und Kolonisatoren an ihnen begangene Unrecht noch nicht vergessen, sie fallen überdies ein in den Chor der Industrienationen, in denen die Japaner oft als „ökonomische Tiere“ qualifiziert werden, die allein auf Profit bedacht sind. Eine solche Atmosphäre schweißt die Bewohner Japans, denen mehrere Jahrhunderte lang auf Geheiß der Mächtigen im Lande der Umgang mit dem Ausland verboten war, zusammen.

Wirtschaftlicher Erfolg, gepaart mit einem Gefühl der Einmaligkeit, könnte da den Verdacht auf eigene Überlegenheit zum Keimen bringen; die Ferne zum Rassismus bliebe nicht immer groß. Dabei sind Überlegungen müßig, alle Japaner entstammten einer eigenständigen „Rasse" – die heute 120 Millionen Einwohner Nippons haben Vorfahren in den meisten Gegenden Nord-, Ost-, Südost-Asiens, wohl auch auf kleineren Inseln im Pazifik.

„Die Japaner sind schwer zu verstehen" – natürlich gereicht ihnen eine derartige Einstellung zumindest ebenbürtiger Partner zum Vorteil. Ein freundliches Lächeln, ein Hinweis auf die angeblich schwer zu erlernende japanische Sprache, auf „urjapanische" Eigenarten bringen ausländische Geschäftsleute und Diplomaten um ihre Argumente, ausländische Esoteriker ins Schwärmen.

Doch die Japaner leben zum Teil unter Bedingungen, die in fortgeschrittenen Industriegesellschaften der Vergangenheit angehören. Natürlich versuchen sie, den Wohlstand, den größten in ihrer Geschichte, zu genießen. Sie goutieren die Freiheiten, die ihnen eine auf Japan zugeschnittene Demokratie gewährt – undenkbar noch vor Jahrzehnten, als ein Gottkaisertum dem Militär dazu diente, andere Völker und das eigene zu unterdrücken.

Wer sich darum bemüht, den Nerv zu ertasten, der Japan zur derzeit größten Wirtschaftsmacht Asiens werden ließ, der wird rasch auf staatliche Bevormundung zum Nutzen eines nationalen Interesses stoßen. Und er wird sich wundern über das laue Interesse der japanischen Regierung an der Entwicklung der eigenen Gesellschaft. Mit einer gewissen Reife nämlich wird der Staat auch zuständig für die Wohlfahrt seiner Bürger, was bei den Schwächeren, Alten, Kranken, Arbeitslosen, Minderheiten beginnen sollte. Für sie ist Japan nicht der „Ursprung der Sonne".

Müssen wir in Europa, in Deutschland vom Osten, von Japan lernen? Nein – wenn uns dies auch gerne japanische Zen-Meister oder deutsche Minister nahelegen. Kennenlernen aber sollten wir die Japaner, Fischern, Bierbrauern, Geschichtenerzählern, Politikern zuhören – das stärkt die Weltläufigkeit, fördert die Urteilsfähigkeit, gewährt Unbefangenheit im Umgang mit Japanern, die uns ja immer näher kommen. Und das Zuhören hilft, an zwei verbreiteten Vorurteilen zu kratzen: Die meisten Japaner gehörten einer Sippe von Yen-Sammlern an; die Japaner seien überhaupt schwer zu verstehen.

IM ZEICHEN DER KIRSCHBLÜTE

Ein nationales Freudenfest

Sakura: Dem Liebhaber des Orients trägt dieses Wort Kimonorascheln im Mondenschein ans Ohr, entzücktes Gelächter, das Klirren fingerhutgroßer Sakeschälchen, sanften Gesang, der durch die Blütenwolken hindurch möglichst nach Yokohama oder noch besser zum Fuji hin schwebt. Sakura, die Kirschblüte, hat Japan wieder erfaßt; die Japaner begeben sich aus ihren Häusern, den trägen Büros hinaus in die Parks der Großstädte, an Flußufer, um den Boten des neuerwachten Lebens zu huldigen. Nicht daß sie nicht schon auf dieses Ereignis vorbereitet worden wären: Seit Ende Februar schreitet jeden Morgen zwischen neun und zehn Uhr ein Meteorologe in den Yasukuni-Schrein in Tokio, schneidet von einem Kirschbaum eine noch geschlossene Blüte ab, mißt und wiegt sie, kann am dritten März die erste Voraussage wagen, wann nach wissenschaftlichem Ermessen die Knospen in der Region Tokio aufbrechen werden; es sollte der 29. März sein – und siehe, der Sakura-Messer hatte sich um höchstens ein bis zwei Tage verrechnet. Derartige Beobachter sind im ganzen Land verteilt, und so ist es möglich, daß Fernsehen und Zeitungen täglich über das Vordringen der nationalen „Sakura-Front" von Süden nach Norden berichten. Solcher Unfug wird erst seit dem Ende des zweiten Weltkrieges betrieben; altmodische Menschen, die sich noch auf ihre angeborenen Sinnesorgane verlassen, haben natürlich schon lange gewittert, daß Sakura in der Luft liegt.

Viel besser geeignet erschiene uns für ein nationales japanisches Freudenfest die Zeit der Kiefern im Winter, die trotz Strapazen ihr grünes Kleid nicht ablegen, die Zeit des schneeüberhäuften Bambus, der sich geschmeidig seiner Last entledigt, oder die Pflaumenblüte. Aber nein, die Japaner haben sich Sakura für ihre nationale Festivität ausgesucht.

Hierfür mag weniger der „Charakter“ der Kirschblüte ausschlaggebend sein: Innerhalb weniger Stunden schmücken sich benachbarte kahle Bäume – die Blätter kommen später – mit der satten Pracht ihrer Blüten – Blüten, die vergeblich sind. Denn diese Bäume tragen keine Früchte; eine Woche, zehn Tage lang läßt sich's gut verweilen unter diesem Zelt, dann schütteln Windstöße den Schleier von den Ästen.

Nein, die Kirsche ist nicht Symbol des japanischen „Charakters“ – wenn uns auch Zen-Buddhisten und andere Schriftgewaltige davon überzeugen möchten. Ein anderer, banaler Grund ist zuständig für die Liebe der Japaner zu Sakura, für die noch im Alter gehegten zarten Erinnerungen an die Kirschblüte ihrer Jugend. Der Winter ist vorüber, die Menschen können ihre Häuser, in denen der Familiengeruch nun schon lange genug waberte, verlassen. Mit einem Wort: Die Japaner platzen aus dem schneepelzigen Konkon, der ihnen, aus warmen Gefilden wohl stammend, nie lag.

Sakura: Es ist nicht weit bis zum Senzoku-Teich hier in Tokio – Fußwaschteich heißt er; der buddhistische Mönch Nichiren soll im dreizehnten Jahrhundert seine Füße hineingetaucht haben. Wir gehen mittags die kleine Straße hinunter, Büdchen sind am Ufer aufgebaut worden. Kinder können aus Plastikwannen winzige Goldfische angeln, daneben werden grellbemalte Masken außerirdischer Wesen verkauft, bekannt aus dem Nachmittagsprogramm im Fernsehen. Zuckerwatte in Plastiktüten, Schießbuden, verschiedene Gerichte, Sake – kurz: Alles, was zur Kirschblüte gehört, ist vertreten.

Den Hügel hinauf: Auf der kühlen Erde sind Reisstrohmatten ausgebreitet, dicht an dicht, dazwischen ist gerade ein Pfad frei für die Neuankömmlinge; sie müssen allerdings manches Hindernis übersteigen: Vor jeder Matte sind die Schuhe der darauf schon fröhlich zechenden Gemeinde säuberlich aufgereiht, Schuhspitzen zum Pfad hin – denn natürlich wird hier, wie auch in jedem japanischen Haus, das Schuhwerk abgestreift, bevor man sich auf die Strohmatten begibt.

Bevor wir es uns aber – mit überkreuzten Beinen – ein wenig bequem machen könnten, hat sich unser eine kimonobekleidete Dame, achtzig oder neunzig Jahre alt mag sie sein, bemächtigt; nein, kein Wenn und Aber, sie zerrt uns auf eine Baumwurzel, zwingt uns, den Mund zu öffnen, und bemüht sich, uns aus einer Zweiliterflasche Sake in die Kehle zu schütten. Nach dem vierten Versuch – inzwischen ist die Hemdenbrust mit dem köstlichen Getränk durchweicht – versuchen wir uns aus ihrem eisenharten Griff zu lösen, aber in einer alten japanischen Dame können ungeahnte Energien stecken. Ihr Mann, der sich eine Weile das Spektakel ansieht, hat ein Einsehen, schleift sie fort; wir sehen sie Stunden später schlafend auf einer Matte.

Nun können wir eintauchen in die illustre Gemeinde. Links eine Gruppe junger Burschen und Mädchen, die Lettern auf ihren Hemdchen weisen sie als Lebensrettungsschwimmer aus; sie tanzen den Wiederbelebungsblues, Musik dröhnt aus der Stereoanlage am Rand der Matte. Rechts Kinder, Erwachsene, Großmütter – die Frauen bereiten über einem Holzkohlegrill Sukiyaki, die Männer prosten sich zu, die Augen funkeln in schon rötlich schimmerden Gesichtern. Irgendwoher klingen Töne der Shamisen, des alten Zupfinstruments, Klarinetten werden geblasen, Flöten schallen über den Teich, Trommeln grunzen zurück.

Ein Herr schleicht sich – gut gedeckt von Baumstämmen – heran, möchte den Ausländer mit seinem Teleobjektiv bannen, wir warten unschuldig; als er den Apparat ansetzt, reißen auch wir unsere Kamera ans Auge, zielen auf den Jäger, er trabt verärgert lächelnd zurück ins Kirschendickicht.

Und über dem ganzen Getümmel hängt tatsächlich ein rosaroter Himmel, die Blüten sind gestern wie Popcorn aufgeplatzt.

Sakura: Es wird ziemlich viel getrunken; Reiswein, im Notfall zusammen mit Bier und Whisky. Die dichte sakehaltige Luft schmiedet in Windeseile tiefe Freundschaften, die allerdings den nächsten Morgen nicht erleben. Der Rausch macht frei, man hat sich mehr zu sagen, bringt auch den Mut dazu auf. In Japan – von manchen als „Paradies der Trinker“ apostrophiert – gilt es nicht als anstößig, sich mit schwerer Schlagseite oder vielleicht gar auf allen vieren durch die Öffentlichkeit zu bewegen. Im Gegenteil: Es kann für einen Nichttrinker durchaus von Vorteil sein, sich in Gesellschaft angeheitert zu geben, dem Gastgeber zu zeigen, daß man sich wohl und – auch wenn volltrunken – in seiner Obhut vollständig sicher fühle. Beim Gelage läßt sich einiges von dem abreagieren, was sich während des von Etiketten bestimmten nüchternen Alltags aufgestaut hat. Allerdings: die meisten Japaner vertragen nur wenig Alkohol, sie sind schon nach ein paar Gläsern hinüber. Die „Sucht“ ist hier selten.

Inzwischen ist unsere Gesellschaft am Senzoku-Ike außer Rand und Band: Lachen, Tanzen, Torkeln, Küssen, kippende Flaschen, rollende Pappbecher, jaulende Schoßhündchen; Breughel hätte seine Freude. Und inmitten dieses Gewühles liegt auf dem Rücken ein würdiger Herr in den besten Jahren. Er bewegt den Kopf hin und her, schnappt hin und wieder zu – ja, er fängt mit dem Munde Kirschblüten, die zur Erde segeln. Wenn jetzt noch der Mond durch die Bäume schiene: nicht auszuhalten.

Taschendiebe überlistet

Der Richter Oka, der im achtzehnten Jahrhundert in Edo – heute Tokio geheißen – Recht sprach, wurde von Kollegen wieder einmal wegen seiner Freundschaft zum mächtigsten Mann in der Gegend, dem Shogun, beneidet. Nun plagten Taschendiebe die Bürger von Edo. Sich dessen sicher, daß auch Oka der Diebe nicht Herr werden könnte, sandten die Richter-Kollegen dem Shogun eine Petition, in der sie ihn untertänigst baten, seinem fähigsten Berater aufzutragen, diese Seuche auszulöschen, was der Shogun dann auch tat. Darauf ließ Richter Oka an den Straßenecken der Stadt folgenden Aufruf anschlagen:

An alle Taschendiebe von Edo! Da bekanntgeworden ist, daß einige Mitglieder Eurer Gilde ihrer Arbeit nachgehen, ohne Steuern zu zahlen, verfügen wir hiermit: Jeder Taschendieb, der in Edo seinen Beruf ausüben will, muß hinfort eine offizielle Lizenz bei sich tragen, für die er jährlich drei Bu und zwei Shu zu zahlen hat. Diese Lizenz berechtigt zu freier Ausübung seiner Tätigkeit; wer jedoch ohne den Ausweis bei der Arbeit ertappt wird, soll zur Warnung für andere geköpft werden. Anträge für das Ausweispapier können beim Obersten Gericht am dritten Tag des folgenden Mondes zur Stunde des Pferdes eingereicht werden – Oka.

Als die Bewohner von Edo dies lasen, gafften sie wie

durstige Austern; in den Badehäusern wurde hin- und hergeredet, ob der große Richter noch bei Verstand sei. Die Taschendiebe der Stadt verfielen in tiefe Konfusion. Ihr Anführer beriet mit seinen Adjutanten, was zu tun sei. Worauf man sich darauf verständigte: Oka könne sie nicht für Taten, für die er keine Beweise habe, festsetzen; schon gar nicht aber für Diebereien, die noch nicht ausgeführt worden seien; die Silberstücke, drei Bu und zwei Shu, seien wahrlich nicht zu viel, um das Gewerbe zu legitimieren.

Also fanden sich zur vorgeschriebenen Stunde mehr als sechshundert Betrüger in Okas Amt ein. Ein Beamter schrieb Namen und Wohnort jedes einzelnen auf, der gezahlt und – durch Unterschrift oder Fingerabdruck – bestätigt hatte, daß er sich mit strengster Bestrafung einverstanden erklärte, sollte er ohne seine Lizenz beim Diebstahl erwischt werden. Danach ließ Oka die Lizenzen in den Raum bringen und verteilen: Bretter aus Kiefernholz, dreimal so groß wie der Rücken eines Mannes; auf rotem Lack-Untergrund standen in leuchtendem Weiß die Zeichen: Gerichtlich anerkannter Taschendieb.

Die Antragsteller benötigten nicht lange, sich auszumalen, daß sie mit ihren Ausweisen wie Teufel mit drei Köpfen aussehen würden; sie verließen das Gericht und die Stadt Edo, um anderswo ihren Lebensunterhalt zu verdienen. Seitdem ist die Stadt frei von Taschendieben.

Dies hat der amerikanische Diplomat Post Wheeler Anfang dieses Jahrhunderts in Japan von einem der Geschichtenerzähler gehört, die damals noch ein interessiertes Publikum fanden. Viele, viele andere derart überlieferte Begebenheiten trug er ebenfalls zusammen, übersetzte sie ins Englische. Der Zweite Weltkrieg verhinderte, daß er sein Lebenswerk noch als Buch sehen konnte – doch das ist eine andere Geschichte. Harold Henderson hat eine kleine Auswahl zusammengestellt, „Tales from the Japanese Storytellers“, für etwa zehn Mark in Tokio zu kaufen. Und wir haben die Erzählung über den Richter Oka im Deutschen nacherzählt.

Der Alte im Fischerdorf

„Ima htori des“ – ich bin nun alleine; der uns liebgewordene alte Herr Nikura sagt es leise, aber prononciert, damit es der Ausländer auch verstehe. „Dozo“, zum zweiten Mal in vielen Monaten werden wir in sein Haus gebeten, hier in dem kleinen Fischerort auf der Halbinsel Miura, südlich von Tokio.

Das erste Mal hatten wir die Ehre im Hochsommer. „Bitte kommen Sie herein“; draußen mögen gut dreißig Grad Wärme sein, im Vorraum ist es kühl, im Wohnzimmer sind sämtliche Schiebewände zugezogen, kein Lüftchen weht, ja es wird sogar geheizt. Die beiden alten Leute sitzen am niedrigen Tischchen – er mit gekreuzten Beinen, ihr zierlicher, gebrechlicher Körper ruht auf den Unterschenkeln. Sie lächelt, ermüdet, weist ihren Mann an, wo Rechnungen, Telefonnummern, Notizen zu finden sind. Draußen der japanische Sommer, der vor Feuchtigkeit und Hitze, Enge, Unruhe strotzt, das Leben anpeitscht; hier drinnen waltet der Tod.

Beide sind mehr als achtzig Jahre alt. Neben beiden steht, halb unter dem Tischchen versteckt, ein großer Wecker; jeder will selber wissen – ohne sein Gegenüber, den liebgewordenen Menschen, zu fragen –, was die Stunde zeigt und schlägt. Die beiden Alten sind schwerhörig, sehen auch schwer. Wir sitzen an ihrer Seite, hören die Uhren im Wetteifer ticken, leiden unter der Hitze, fragen die Dame, ob ihre Gesundheit gut sei. Sie blickt uns, den Ausländer, den sie kaum kennt, heiter an – wenn die Mundwinkel auch Schmerzen zeigen – und sagt: „Nein, schlecht.“

„Ima htori des.“ Herbst ist geworden. Die Natur atmet tief ein; Taifune kuschen, spielen ihre Streiche lieber in südlicheren Gefilden; der Fuji-San, der große Berg Japans, ragt jetzt häufiger auf der anderen Seite der Bucht aus den kleinmütig gewordenen Wolken hervor; die Pflanzen brechen behutsam ihre Blüten auf – Herbst, wie er uns in Europa bekannt ist, herrscht hier nicht; hier sprießt es weiter, obwohl wir frösteln mögen, weil die Temperatur am Tage schon einmal unter zwanzig Grad sinkt.

Herr Nikura ist nun alleine, seine Frau ist tot. „Bitte.“ Wir streifen die Schuhe ab, gehen über die Tatami-Matten in den

Nebenraum. Herr Nikura kniet vor ihrem großen Schwarzweißfoto nieder, zündet eine Kerze an, verbeugt sich. „Dozo“; wir nehmen ein Räucherstäbchen aus dem Bambusbehälter, bringen es in der Kerzenflamme zum Glimmen, verneigen uns – das Stäbchen in beiden Händen haltend – vor dem Bild der kleinen alten Frau, stecken das Stäbchen in ein mit Asche gefülltes Bronzegefäß, der Rauch wabert gemächlich nach Süden, zum Fenster, knien drei, vier lange Minuten ruhig vor dem „Altar“ für die Tote, Herr Nikura kniet hinter uns. In der Küche wäscht eine Verwandte Geschirr ab. Wir erheben uns, der Alte dankt, lächelt verloren; auch er wird bald sterben – mit wem noch kann er die über Jahrzehnte eingeschliffene Verständigung ohne viele Worte üben?

Wir gehen zurück zum Ausgang, Kästchen, Bilder, nicht zu Ende gegessene Plätzchen, Teetassen sind in den Räumen verstreut, die Ordnung ist aus dem Haus gewichen. Die enge Straße hinunter zum Meer. Drüben residiert der alte Fuji. Was kümmert's ihn.

Toilettenfrau in Yokohama

Die Klofrau von Yokohama irritiert die Benutzer öffentlicher Toiletten in Japan. Ein Beispiel: am ersten Tag ihrer amtlich bestallten Tätigkeit fanden sich im Tellerchen ein: Ein-Yen-Münzen: neun; Fünf-Yen-Münzen: drei; Zehn-Yen-Stücke: 352; Fünfzig-Yen-Silberlinge: 43; Hundert-Yen-Batzen: 100. Drei Tage später flatterte das erste Scheinchen – 500 Yen, das sind fünf Mark – durch die kühle Luft der rosa gekachelten Einrichtung und landete neben der höflich sich verneigenden alten Dame, täglich von acht bis neunzehn Uhr ansässig am Südausgang des Hauptbahnhofes dieser Millionenstadt nahe Tokios.

Wie gut können wir uns die Qualen der Benutzer des Bahnhofes von Yokohama – täglich mehr als 700 000 Personen – vorstellen, die auf dem Wege zum Büro oder zurück zur Familie noch nolens volens einen kleinen Umweg in Kauf nehmen, um sich dann gezwungen zu sehen, eine mutige Entscheidung – allein auf weiter Flur – zu treffen; das Plakat an der Wand sagt: „Bitte unterstützen Sie uns, die Toiletten sauberzuhalten. Für einen kleinen Geldbetrag, den Sie natürlich freiwillig und nach eigenem Ermessen bestimmen, wären wir dankbar.“ – Ja, was denn? Trinkgelder, oder wie immer man hier und dort kleine Aufmerksamkeiten bezeichnen möchte, sind in diesem Land nicht üblich, nicht gefragt. Saubere öffentliche „Rest-Rooms“, oder „Cloak-Rooms“, oder andere phantasiereich geadelte „Rooms“ (gelobt seien Franzosen und Bayern, die ohne falsche Scham mit dickem Pinselstrich „Pissoir“ oder „Pißort Nummer elf“ an Mauern zu schreiben sich getrauen) sind in Japan genauso wie in der Nähe deutscher Autobahnen gefragt, aber nicht üblich.

So wundern wir uns nicht, daß geplagte Angestellte vor dem Plakat stehenbleiben, stutzen und – weiterhin geplagt – kehrtmachen. Wir beobachten mit Wohlwollen, wie ältere, kimono-bekleidete Damen mit ehrlichem Mitleid die Klofrau von Yokohama auf die Kälte des Winters hinweisen; und voller aufrechter Hoffnung für die Zukunft der Demokratie in Japan hören wir einer Gruppe von Schulkindern zu, die vor benannter „Fazilität“ die Frage diskutiert, ob denn nun fünf oder zehn Yen angemessen seien.

Daß die vom Defizit geplagte Nationale Japanische Eisenbahn Studien in Auftrag geben mag über die Weisheit, die erste „Toilettendame“ im Lande zum Dienst zu verpflichten; auch daß japanische Verbraucher im Yokohama-Bahnhof eher noch auf die beiden anderen dort verfügbaren Einrichtungen zurückgreifen, in denen für 20 Yen Papier und Seife aus dem Automaten fallen – das soll uns nicht ablenken von der Hoffnung eines Europäers, eines Tages überall in Tokio, Yokohama, Kyoto und so weiter Klofrauen zu wissen, die einen großzügigen Kunden mit einem artigen „Vergelt's Gott“ bedenken, dem Geizkragen aber „Saupreuß, yokodamischer“ nachbellen.

Von Zinsen gepeinigt

Ein 71 Jahre alter Mann ersticht seinen Sohn; ein 43 Jahre alter Regierungsangestellter bringt sich um, läßt Gas in seiner

Wohnung ausströmen; ein 37 Jahre alter Vater begeht „Familien-Selbstmord“ – er fährt mit seiner Frau und den zwei Kindern im Auto ins Meer, alle ertrinken. Dies sind Beispiele für Verzweiflungstaten solcher Japaner, die einen großen Fehler in ihrem Leben begangen hatten: sich sogenannten Kredithaien ans Messer zu liefern. Es sind wenige Beispiele; mehrere hundert Personen verüben in jedem Jahr Selbstmord, weil sie sich nicht in der Lage sahen, die – zum Teil leichtsinnigerweise – aufgenommenen Kredite samt ungeheuerlichen Zinsen zurückzuzahlen. Und (das ist in Japan durchaus nicht ungewöhnlich): ein Familienoberhaupt, in Überlebensschwierigkeiten geraten, bringt erst einmal alle um, die von ihm finanziell abhängig sind, also meistens Kinder und Ehefrau, bevor es selbst aus dem Leben scheidet. Das Motiv für den anfangs erwähnten Mord allerdings ist selten: Der Sohn hatte Schulden in Höhe von etwa sechshunderttausend Mark, unter anderem bei „Kredithaien“; und er hatte als Bürgschaft hier und da den Grundbesitz des Vaters angegeben.

Das letztlich wohl auslösende Moment für diesen Mord jedoch scheint typisch zu sein für die meisten Taten der Verzweiflung: Ein Mensch glaubt, er brauche rasch Geld. Die Hürde bei etablierten Banken, die Darlehen für etwa sieben Prozent Jahreszins gewähren – Besitz eines Sparbuches bei dieser Institution, Nachweis des Einkommens etwa –, schrekken ihn ab; um die Ecke, beim „Sara-Kin“, dem Geldverleiher für „salary-men“, für Angestellte, geht es unkonventioneller zu: Ein „amtliches“ Papier wie Führerschein oder Krankenversicherungskarte vorlegen – Personalausweise gibt es für Japaner nicht – ein Formular unterschreiben und die Banknoten einstecken.

Was mancher Japaner im Büro der „Sara-Kin“ gern vergißt oder verdrängt, das sind die Zinsen, die er hinfort zu zahlen hat: mehr als einhundert Prozent im Jahr sind heute noch erlaubt. Der Durchschnittsbetrag, den die vierzigtausend im Lande tätigen „Haie“ verlangen, liegt niedriger – allerdings in derartigen Bereichen, die einem an persönliche Kredite gewöhnten Deutschen die Haare zu Berge steigen ließen.

Wenn dann der Schuldner säumig wird, setzt die „psychologische Kriegführung“ ein: Telefonate in seine Wohnung, alle Stunde, erst tagsüber, dann auch nachts; Telegramme, Nachfragen am Arbeitsplatz; Zettelanschläge vor seinem Eingang; stündliche lautstarke Besuche von „Sara-Kin“-Mitarbeitern – häufig Gangsterkreisen zugehörig – zu Hause.

Derartiges Gebaren macht den Zahlungsunfähigen mürbe, ist doch in Japan wie in allen anderen bäuerlichen Gemeinschaften nichts peinlicher als eine Erniedrigung vor den flinken Augen möglicherweise wohlhabenderer Nachbarn. Der Gepeinigte könnte vor Gericht ziehen und sich weigern, mehr als zwanzig Prozent Zinsen zu zahlen, wie es ein Gesetz bestimmt. Doch ihre vor Gericht zu verteidigenden Rechte sind den meisten Japanern nicht geläufig.

Warum können die „Haie“ hier bestehen? Die meisten ihrer Kunden sind nicht in elementarer Finanznot; sie suchen wohl eher das schnelle Geld, um bei Glücksspielen wie Pferde- oder Motorboot-Rennen reich zu werden oder einen gehobenen Lebensstil hic et nunc zu verwirklichen. Dies spiegelt eine veränderte Einstellung der geldborgenden Japaner zur Zukunft wider: hat man früher gespart, um sich dereinst mit Wohlstand zu umgeben, soll heute Luxus ohne Entbehrung und sofort zur Stelle sein – die Werbung exerziert es vor, die Ungewißheit über die Versorgung im Alter legt es nahe, und die vor mehreren Jahren ungewöhnlich hohe Inflationsrate ließ eine solche Verfahrensweise als raffiniert erscheinen.

Das Parlament hat ein Gesetz eingebracht, das den Zinssatz bei „Kredithaien“ drücken soll. Das Gesetz ist halbherzig, es wird der alttestamentarisch anmutenden Seuche der Sara-Kin in Japan Einhalt nicht gebieten. Bleibt die Frage, warum sich ein Staat, der sich um allerlei minimale Geld-Transaktionen kümmern kann, dieses jährlichen Milliarden-Dollar-Schmarotzer-Geschäftes nicht ernsthaft annimmt. Eine Antwort? Behörden und Gesetzgeber hier mögen es nicht für nötig halten, auf schnelles Geld versessene Landsleute vor Wucherern zu schützen, hat doch bisher der anständige Insulaner hier gearbeitet, gespart und erst dann genossen. Die Morde, Selbstmorde? Ein typischer oder erzkonservativer Japaner könnte sagen: Ja mei, Risiken müssen selbst Kredithaie eingehen.

Golf im Käfig

Es gibt sie wohl doch nicht, die guten Marsmenschen, die uns hienieden neugierig betrachten und sich ihren Reim auf das irdische Treiben zu machen versuchen. Aber vergessen wir einfach einmal zwei Minuten lang die phantasiehemmende Seite der Naturwissenschaften und versetzen uns an Bord eines außerirdischen Schiffes: Wir gleiten nach langer Reise in die Erdatmosphäre, schweben über dem Pazifik, warten, bis sich die Erde langsam unter uns nach Osten schiebt. Plötzlich taucht am Horizont eine Bergkette auf, beherrscht von einem ebenmäßigen Kegel. Allmählich nähert sich eine wahrhaft imponierende Masse von kleinsten Quadern, hier und da gesprenkelt mit emporgestreckten steinernen Fingern, aufgelockert von Pflanzenansammlungen. Wir tauchen tiefer und erkennen: Verteilt über diese von den Bergen bis zum Ozean reichende Fläche sind 380 grüne Netze, etwa zweihundert irdische Meter lang, dreißig Meter breit und zehn Meter hoch; die Stirnseite besteht aus zwei- oder dreigeschossigen Gebäuden, darin sich viele lebendige Wesen – jedes mit einem Stöckchen ausgerüstet – bewegen. Und wenn wir fast schon die Netze berühren, sehen wir darunter viele tausend weiße Bälle ruhen, denen unablässig aus dem Gebäude heraus neue hinzugefügt werden.

Nun, die Marsmenschen können sich darauf keinen Reim machen, hasten zurück in bekannte Gefilde und lassen den Europäer auf der ersten Fahrt durch diese Metropolis allein zurück in seinem Staunen über diese riesigen, netzbespannten Mausefallen.

Dabei ist es ja so einfach: Ein Anruf in Tokio bei dem Verband der Golfübungsplätze hilft weiter. In diesem Land können sich die Golf-Ritter auf fast 1400 Anlagen austoben; um sich hierfür den Schwung anzutrainieren, stehen ihnen allein in Tokio die von den Marsmenschen schon korrekt gezählten 380 Übungsplätze zur Verfügung. Wer erst einmal den Mut aufgebracht hat, diese Käfige zu betreten, findet schließlich nichts mehr absurd. Der Eintritt beträgt etwa drei Mark; für jeden geliehenen Schläger zahlt man noch einmal 1,50 Mark – aber die meisten golfspielenden Japaner ersparen sich diese Ausgabe, da sie ein Sortiment an Schlägern ihr eigen nennen, das sich – prestigeträchtig über die Schulter gehängt – ohne Schwierigkeiten durch U-Bahnen bis zum Übungsplatz tragen läßt. Abends, wenn der Andrang groß ist und das Flutlicht bezahlt werden muß, ist der Eintritt eine Mark teurer. Während wir geduldig auf die Erlaubnis zum Spielchen warten, kaufen wir Golf-Handschuhe, -hemden, -hosen, -mützen, Kappen, Taschen, Schuhe. Aufgerufen, zahlen wir 500 Yen für 50 Golfbälle – Frauen zahlen nur 450 Yen, warum: Der Manager sagt, die Frauen schlügen nicht so viele dieser weißen Kugeln kaputt. Außerdem soll den Damen Anreiz gegeben werden, in diese Übungskäfige zu kommen; denn tagsüber sei die Anlage nicht ausgelastet, und da bisher nur fünf von hundert Spielern Frauen seien, wolle man mehr Hausfrauen hierherlocken. Auf den sechzig Plätzen – dreißig zu ebener Erde und dreißig im ersten Stock – spielen im Schnitt 350 Personen am Tag, am Wochenende kommen natürlich mehr.

Wir treten ein, der erste Platz in der leicht gekrümmten Ausgangslinie für die formidablen Weitschläge hat einen Vorteil: Der Aktive kann seine Bewegungen in einem gleich an der Seitenwand angebrachten Spiegel überprüfen. Und er schlägt fürchterlich: Hochkarätige Golfschuhe mit echten Spikes geben ihm Halt, er holt aus, hält inne – wie ein Bogenschütze –, schlägt einmal zum Spaß verhalten über den unschuldigen weißen Ball hinweg, um dann das Objektlein in die Luft zu dreschen – fünfzig, achtzig, hundertdreißig, hundertsiebzig Meter und noch weiter; man sieht das Kügelchen ins Begrenzungsnetz träufeln. Ganz ohne Stolz tritt der mittelalte Herr auf einen Hebel, ein neues schneeweißes Bällchen rollt aus dem Apparat, es wird für den nächsten Schlag zu dem Platz auf dem Kunststoffrasenstreifen gerollt. „Würden Sie auch von oben, vom ersten Stock aus schlagen?“ „I bewahre.“ „Warum nicht?“ „Die natürlichen Bedingungen sind allein hier unten vorhanden; hier auf dem Boden haben wir keine Vorgabe von drei Metern Höhe; auch ist die Erdbeschaffenheit den natürlichen Verhältnissen ähnlich.“ Ach so.

Wer dennoch nur oben einen Platz findet, dem sei verraten: Für das gleiche Geldstück gibt es fünf Bälle mehr, und vielleicht erreicht man auch die Hundertfünfzig-Meter-Marke.

Warum können die Kugeln, die weißen, so fragen wir uns, derartig sauber leuchten, daß sie noch auf die Fremden vom

Mars Eindruck machen? Auf dieser Anlage, die übrigens einer in Tokio tätigen Eisenbahngesellschaft gehört, sind etwa einhunderttausend Bälle im Einsatz. Die Kunden wünschen saubere Produkte; da bei Regen etwas Erde an den Bällen haften bleibt, hat man sich folgende Prozedur ausgedacht: Abends nach neun Uhr, nachdem das Spielen ein Ende hatte, sammeln zehn Burschen mit breitangelegten Rechen die Bälle zusammen, werfen sie in einen Trichter, der sie in eine automatische Waschanlage entläßt. Der Manager merkt nicht ohne Neid an, daß einige Anlagen in Tokio auch schon mit staubsaugerähnlichen Fahrzeugen zum Balleinsammeln ausgerüstet sind. Aber vorerst müsse man immer erst einmal das Geld hereinbringen für die alljährliche Erneuerung des Netzes, dies koste schließlich fast 800 000 Mark.

Das ist viel Geld. Vielleicht aber ist derartige Armierung vonnöten, um den Drang der japanischen Golfspieler ins Freie zu bremsen. Denn es ist nicht leicht, Mitglied in einem der besseren Golfclubs zu werden – viele sind mit atemberaubender Natur verwoben und können fast dem Golfplatz nahe dem früheren britischen Konsulat in Tanshui auf Taiwan das Wasser reichen: Das Eintrittspapier, zu handeln wie eine Aktie, kostet zwischen zweitausend und hunderttausend Mark. So ist nicht verwunderlich, daß auf dem teuren Grün weitreichende Geschäftsabschlüsse getätigt werden von gutsituierten älteren Herren, die dem Caddy nacheilen. Potentielle Nachfolger dieser Aristokratie, auf fast ebenso edlem Rasen ihre Golfschuhe abtretend, spielen ergeben und staatsmännisch für ihre Promotion.

Sechs Millionen Japaner, einer unter zwanzig, geben sich nach Auskunft des Golfverbandes diesem Sport hin, auf billigen und teuren Golfplätzen, in großen und kleinen Käfigen. Doch falls die Marsmenschen, die wir nun über das seltsame Treiben hier unten informiert haben, den Mut für eine zweite Erdenreise aufbringen sollten, seien sie gewarnt: Schwebt ihr ein über S-Bahn- oder Hinterhöfen, über Gäßchen oder Schrebergärten, werdet ihr der fortgeschrittenen golfischen Spezies des Homo Japanicus ansichtig werden: Ohne Rasen, ohne Schläger, ohne Ball, selbst ohne Golfschuhe oder -hosen exerziert sie dort mit unnachahmlicher Grazie die Bewegungen dieses Spiels – ohne daß ein Passant davon Notiz nähme oder sich gar ein Lächeln verkneifen müßte.

Spiel für die Massen

Patschinko. Pa: Die elf Millimeter kleine, silbrige Metallkugel schießt heraus; Tschin: Sie jagt zwischen feinen Nägeln nach unten; Ko: Sie verschwinden – „Ko“ – im Loch. Lautmalerei, Patschinko – japanischer Massensport; jeder dritte beteiligt sich daran, jeder dritte von 120 Millionen Menschen.

Trommelfelliger Lärm. Zweihundert Apparate stehen hier nebeneinander, in vier Reihen. Vor den meisten sitzt auf seinem Hocker ein Patschinko-Abhängiger, die rechte Hand am Drücker, um die Abschluß-Geschwindigkeit des Kügelchens – Pa – zu regulieren. Neonlicht, Musikfetzen aus Lautsprechern an der Decke, ein Waschbecken, Zigarettenqualm, Ko-Tschin-Tschin-Ko-Tschin.

Kinder, Mütter, Rentner, Arbeiter, Studenten, Bankangestellte: Sie sitzen selbstvergessen im Geknalle, im Geratter der Kugeln, die aus „guten“ Apparaten in die Plastikbehälter rasseln, Schulter an Schulter, jeder allein für sich im Zwiegespräch mit der Maschine, die ihnen drei Handbreit vor der Nase ist. Sie zelebrieren die Patschinko-Messe.

„Gute“ Apparate spucken mehr Kügelchen aus, als ich hineingeworfen habe, 25 Stück kosten hundert Yen, eine Mark. „Gute“ Maschinen sind morgen schon „schlechte“; die vom Besitzer angestellten Spezialisten manipulieren sie über Nacht, heute mit Computerhilfe; es geht dabei um eine winzige Neigungsveränderung der Apparate; früher tat man das mit dem Hammer – da wurden die Nägel ein wenig zurecht-, zur Seite geklopft, wurde aus einem 12,0-Millimeter-Abstand einer von 11,8 Millimetern kreiert: Die Kugel fällt seltener in die Löcher, die den Gewinn bringen, meistens eher in den Abfalleimer. Von dort wandern sie heute in automatisch arbeitende Wäschereien, sie sollen silbrig bleiben, auch wenn sie durch viele Hände gegangen sind – in Kleinstädten, vom Fortschritt unbeleckt, fassen sie sich noch heute rauh, klebrig an, sehen angerostet aus, riechen nach Geld.

Geld stinkt nicht. Mehr als dreißig Milliarden Mark werden jährlich umgesetzt. Jeder Apparat verdient heute im Durchschnitt hundert Mark pro Tag, an Feiertagen mehr. Ist die Wirtschaftslage schlecht, geht es dem Patschinko besser, da Japaner dann Kurzweil nicht mehr in Hawaii suchen, sondern um die Ecke. Die Manager bleiben gelassen, die Kunden kommen, der Staat, der das Glücksspiel einschränkt, stößt sich nicht an Patschinko, er verdient mit.

Ist Patschinko ein Glücksspiel? Wer Glück hat, wer eine „gute" Maschine rechtzeitig findet, der kann gewinnen: Zigaretten, Gemüse, Zeitschriften, Schallplatten, Hemden, Waschmittel und so weiter. Hinten ist die Theke, auf der die elektronische Kugelzählanlage steht: Die Bedienung kippt meine Beute in den Trichter, der Automat blinkt nach Sekunden mit der Zahl der gewonnenen Kugeln – bei mir genügen meistens Hundertstelsekunden.

Darf es ein Kaugummi sein? Nein! Ich will Geld sehen: Kleine Kärtchen – hundert Kugeln sind nun nach dem Spiel nur noch 25 Yen wert – wandern über den Tresen. Hinaus auf die Straße in die Stille der Stadt; gegenüber, vierzig Schritt nach links, ist der Laden, der mit Unscheinbarem handelt. Ans Fenster klopfen, es wird zur Seite geschoben, eine faltige Hand greift die Pappkarten, fünfzig Yen wandern herüber.

Doch nicht das Streben nach Reichtum zieht die Japaner in die zehntausend Patschinko-Salons in ihrem Land, dazu sind die Einsätze und die Chancen zu bescheiden. Patschinko, kurz nach dem Krieg in der zerstörten Industriestadt Nagoya aufgekommen – viele Kugellagerhersteller dort saßen plötzlich auf ihren Kugeln –, ist gewissermaßen eine Religion.

Wer ihr huldigt, in den langen Abenden zwischen Hochzeit und Beerdigung – oder schon vorher, dem wird Vergessen gewährt. Vergessen vom Examen, von der allzu treusorgenden Mutter, der engen Wohnung, dem Ehemann, der Ehefrau, von Schwiegereltern, Vorgesetzten, Robotern, sorgenvollem Alter. Beklemmung ablegen! Sie vergessen. Kind sein. Gar nichts sein, nur auf die fallenden, klirrenden Kugeln starren, eins werden mit der Maschine. Nichts. Patschinko – Einsamkeit für ein paar hundert Yen, ein paar Viertelstunden.

Gangster gehören dazu

Eine Witwe schreibt der Präfekturpolizei einen Brief: Sie wolle nun mit der ganzen Sache nichts mehr zu tun haben, ihr Haus stehe von sofort an den Yakuza nicht mehr zur Verfügung. Ihr Mann, Kuzuo Taoka, ein einflußreiches Mitglied der Gesellschaft, war vor drei Jahren gestorben, eines natürlichen Todes. Er stand der Yamaguchi-Gumi vor, einem in der Hafenstadt Kobe beheimateten, landesweit aktiven Syndikat von etwa zehntausend Mitgliedern, organisiert in mehr als 500 Basisgruppen. Diese Männer bestreiten ihren Lebensunterhalt mit Rauschgift-Geschäften, „sicheren" Wettannahmen bei Pferderennen, anderen verbotenen Glücksspielen, mit Prostitution, sie verleihen teure Kredite an bedürftige Mitbürger. Gegen ein Entgelt beschützen sie auch gerne Läden und Bars in japanischen Städten, sichern sich eine breitere Geschäftsbasis durch den Transport von Rauschgift von Südostasien über Tokio nach Amerika, auch durch Import von Pistolen in ihre von strengen Waffengesetzen geschützte Heimat. Mit einem Wort: die „Yakuza" – ehemals nur Ausdruck für die unwichtige Kartenkombination acht und neun und drei in einem geläufigen Spiel – sind Verbrecher.

Die Polizei zählt jeden von ihnen, fast bis auf die Zahl hinter dem Komma. Die Polizei weiß Bescheid über jeden ihrer Winkelzüge. Sie nimmt die Gangster so ernst, daß mancher sich schon fragen möchte, warum landesweit etwa einhunderttausend dieser Herrschaften, beheimatet in mehr als 2400 „Boryokudan" oder Gewaltgruppen, recht unbehelligt ihrem „ehrenwerten" Gewerbe nachgehen können. Die „Yakuza" gehören in die japanische Gesellschaft; und solange sie den „sozialen Frieden" nicht stören, sich also nicht allzu penetrant in das Leben biederer Bürger einmischen, läßt man sie gewähren. Denn irgendeiner muß ja schließlich auch in Japan die halbseidene Welt am Leben erhalten.

Ob allerdings die eingangs erwähnte Witwe mit ihrem Brief zum sozialen Frieden beiträgt, scheint zweifelhaft. Drei Jahre lang hat sie versucht, die ihrem verblichenen Mann in Loyalität verbundenen Gangster zusammenzuhalten. Das war schwer, schließlich beging sie den Fehler, einen der zwei – oder sind es vier – Aspiranten für den Posten des Bosses auf den Thron zu heben, Masahisa Takenaka, 50 Jahre alt. Hiroshi Yamamoto, 58, findet das nicht richtig. Auch er freute sich auf diesen Job. Denn nur 42 der 88 Gangster-Abteilungsleiter der in zwei Drittel der 47 Präfekturen des Landes operierenden Yamaguchi-Gang waren anwesend bei der Bestimmung des Nachfolgers. Derartiges Gebaren widerspricht nicht nur demokratischen Regeln, nein, schlimmer: Es gefährdet das familiäre Zusammengehörigkeitsgefühl und die hierarchische Ordnung, wesentliche Grundsteine für den Erfolg jedweder Unternehmung, nicht nur in Japan.

Hinterhältigkeiten in einer japanischen Gangsterfamilie werden je nach Stimmung mit mehr oder weniger brutalen Mitteln bestraft. Gesteht etwa ein Verbrecher, durch seine Taten mangelnde Loyalität gegenüber seiner „Gumi“ gezeigt zu haben, wird ihm als Buße erlaubt, sich den kleinen Finger seiner linken Hand abhacken lassen zu dürfen. Der schwelende Konflikt in der Yamaguchi-Gumi allerdings wird nicht mit ein paar kleinen Fingern zu bereinigen sein. Schwere Geschütze werden aufgefahren, Pistolen, Schnellfeuergewehre. Mit Messern oder Schwertern, den Waffen der sich einst den Noblen nahe fühlenden Samurai, gehen die Yakuza kaum noch um. Hier nun wird die Polizei auf den Plan gerufen. Denn Schüsse aus einem amerikanischen, reifenquietschenden Gangsterautomobil auf das Hauptquartier von Yakuza-Rivalen könnten auch das Leben unbeteiligter, obrigkeitsgläubiger Japaner bedrohen. Die Spielregeln für das Verhältnis zwischen Polizei und Gangstertum, die unter anderem Einfuhr von Rauschgiften oder Feuerwaffen nach Japan ausschließen, würden auf gröblichste Weise mißachtet, sollte ein unbescholtener Bürger Opfer eines Bandenkrieges werden.

Darum ist es nun vordringliche Aufgabe der Polizei, die Aktivitäten der „Yakuza“ im Auge zu behalten. Denn es geht ja bei Bandenkriegen nicht allein um die Wiederherstellung verletzter Ehre; es geht um einen einige Milliarden schweren Markt, der von pornographischen Heften bis hin zu Aktionärsversammlungen reicht: Potentielle und unliebsame Fragesteller dort werden von Spezialisten eingeschüchtert oder ausgebuht; die Spezialisten verfügen über intime Kenntnisse der Gesellschaften oder Gesellschafter – die sie gegen „Schutzzölle“ für sich zu behalten versprechen. Die „Yakuza“ schließen sich mit ihren Mitteln den Spezialisten gerne an.

Sind die „Yakuza“ – bis vor kurzem gekleidet wie Gangster in amerikanischen Filmen der dreißiger Jahre – eine Geißel der japanischen Gesellschaft? Nein. Sie sind Parasiten. Sie erpressen. Sie treiben Landsleute in den Ruin. Aber sie halten sich an die Regeln ihrer Gesellschaft, von denen eine besagt: Unterstütze deine Familie – wie immer – und laß dich nicht erwischen bei Unerhörtem. Pistolenschüsse sind unerhört.

Sich selbst ansingen

In den Bazaren und Kaufhäusern dröhnen die Lieder von der „White Christmas“, der „Stillen Nacht“ und dem „Schönen Götterfunken“ aus den Lautsprechern; Kandidaten für die Unterhauswahlen brüllen von mit Lautsprecherbatterien bewehrten Kleinlastwagen ihre Namen und Slogans gegen Hauswände und Zebrastreifen: Japan leidet mehr als sonst unter Phon-Verschmutzung. Das Geplärre und Geschmettere kann allerdings die feinnervigen Herrschaften in den musikalischen Hochburgen des Landes nicht erschüttern. In den engen Bars der japanischen Groß- und Kleinstädte sind Abend für Abend die Karaoke-Spezialisten zugange. Sie können mit ihrer Stimmgewalt und Tremolo-Fähigkeit allerdings den unerfahrenen Zuhörer in die Arme der Wahlkämpfer treiben. Denn auch Karaoke, das „leere Orchester“ – kara für „leer“, ohne Vokalisten, oke für „okestra“ – kommt nicht aus ohne elektrische Apparaturen: ein möglichst großer Lautsprecher muß her, ein Cassettenrecorder, eine Cassette mit orchestralem Hintergrund und ein „maik“ natürlich. Das Mikrophon fast zwischen den Zähnen, quetschen die Sänger dauerwellige Ton-Sequenzen durch die Apparaturen.

Da entstehen schöne Stimmungen: Die gleichermaßen als Bardame und Besitzerin auftretende, jung gebliebene und stark geschminkte Greisin in dem Etablissement unter S-Bahn-Schienen trocknet Gläser ab, der letzte Gast – es ist halb zwölf, die meisten Bewohner dieser Weltstadt haben sich schon in einen Schlaf gewühlt – singt voller Inbrunst traurige Lieder aus der Vorkriegszeit; ein Betrunkener öffnet die Tür, hundertzwanzig Phon jagen hinaus in die Nachbarschaft, wekken rechtschaffene Familienväter und Schulkinder aus ihrem wohlverdienten Schlaf, „morgen gehen wir zur Polizei, uns beschweren".

Anderswo hat ein Taxifahrer die Rückseite des Vordersitzes mit Cassetten bestückt, der Fahrgast wählt einen Titel, stopft ihn in den Apparat, greift zum Mikrophon und wird singenderweise in seine Traum-Vorstadt befördert.

Eine schlaue Firma vertreibt seit Jahren Karaoke-Maschinen, die nach dem Gesang Noten verteilen, einhundert Punkte ist das Ziel wie bei Examina für den Eintritt in Universitäten. Worauf der Automat bei seiner Beurteilung achtet, ist uns nicht bekannt; wahrscheinlich aber auf gutturale Treffsicherheit und auf ein mindestens eine Oktave umfassendes Tremolo. Denn das Tremolo ist für den populären japanischen Volksgesang ebenso wichtig wie das Auspuffgeröhre für Autorennen. Wir selbst beherrschen ein zwei Quinten umfassendes Tremolo, solche Fähigkeit ist für einen Ausländer in Japan nicht ohne Risiko: In einem ehrwürdigen japanischen Hotel nahe Nagoya riß uns nach einer derartigen Darbietung der mit einem Toupet gekrönte Karaoke-Platzhirsch vor schmachtenden Lehrerinnen das Mikrophon aus der Faust. Karaoke ist eine ernste, urjapanische Angelegenheit. Würde sich ein Bayer oder Ostfriese – allein in seiner Kneipe – ankoppeln an ein Mikrophon und die schönsten Volkslieder voller Schmelz in die Wirtsstube branden lassen? Nein, Gemeinsamkeit, Gemütlichkeit ist immer noch wichtig für sangesfreudige deutsche Gemeinden. Japanern ist solche auf Gleichklang der Kehlen basierende Zusammengehörigkeit fremd – sieht man einmal ab von „westlichen" Chören und der für einen Rekordversuch zusammengebrachten Menschenmenge, die vor einigen Tagen den Chor von Beethovens Neunter mit etwa zehntausend Sängern fabrizierte – die Sänger waren gleichzeitig ihre einzigen Zuhörer.

Karaoke ist eine urjapanische Angelegenheit – und das soll auch in Zukunft möglichst so bleiben. Denn obwohl das „leere Orchester" hier in Nippon auch noch eine wichtige ordnungspolitische Funktion erfüllt – wer sich selbst über einen Lautsprecher anbrüllt, der sündigt nicht –, so ist nicht auszudenken, wie Amerikaner oder Franzosen auf eine Karaoke-Exportschwemme reagieren würden. Wahrscheinlich mit Maschinenstürmerei.

Eine Persönlichkeit

Das Zirkuspferdchen japanischer Politunterhaltung trabt einmal mehr durchs Sägemehl. Fesch lugt ein rotes Tüchlein aus der Anzugtasche, ein daumenkuppengroßer Stein hält die dezent gemaserte Krawatte am rechten Platze. Der tadellos graue Anzug, der breite Kopf, ein graues Oberlippenbärtchen, flinke Augen, weit nach vorn gewölbte Ohren mit nobel hängenden Ohrläppchen signalisieren dem Betrachter: vor dir steht eine Persönlichkeit, die es in der Manege zu etwas gebracht hat – dank guter Schaustellerqualitäten, die selbst einfache Taschenspielertricks noch mit einem Hauch von Noblesse versehen.

Ryoichi Sasakawa ist weit über 80 Jahre alt. In dieser Zeitspanne ist er nicht nur zum Ehrenbürger von vier Städten, zum Honorarkonsul des Königreiches Tonga ernannt worden. Er ist auch Präsident oder Ehrenpräsident von mindestens dreißig Organisationen, voran der Stiftung japanischer Schiffbauindustrie und einer Föderation für Motorbootrennen. Ein erfülltes Leben – möchte man meinen. Doch Sasakawa will zweihundert Jahre alt werden. Und damit ihm die Zeit bis dahin nicht allzu lang wird, bleibt er seinem Prinzip treu: hauptsächlich sich selbst und auch manch anderen Gutes zu tun und ausführlich darüber zu reden.

Er ist damit gut gefahren. Er ist im Jahre 1899 in der Nähe von Osaka geboren und betätigte sich Anfang der dreißiger Jahre politisch; er gründete die nationalistische Massenpartei, die sich – dem Zeitgeist verpflichtet – für ein starkes, nationalistisches Großjapan einsetzte. Noch heute glänzen die Augen Sasakawas, wenn er zum tausendsten Male erläutert, weshalb er dem von ihm bewunderten Mussolini einen Besuch abstattete: „Als ich damals in Rom war, habe ich keine Bettler auf den Straßen gesehen. Später, nach dem Zweiten Weltkrieg, gab es in der Stadt wieder viele Bettler." – 1942, im Jahre des japanischen Angriffs auf Pearl Harbor, wird er Mitglied des japanischen Parlaments, nach Kriegsende von den Siegern als Kriegsverbrecher ins Gefängnis gesteckt, drei Jahre später wieder freigelassen. Heute sagt Sasakawa, da er mit seinem Kopf auf den Schultern aus dem Gefängnis gekommen sei, habe er sich entschlossen, fortan nur noch für den Frieden auf der Welt zu arbeiten – nach seinem Motto: die Welt ist eine Familie, die Menschheit besteht aus Brüdern und Schwestern.

Getreu diesen philosophischen Worten erwarb er das Monopol für Motorboot-Rennen – einem Sport, in den die Japaner hohe Wettsummen investieren. Für Sasakawa selbst fielen dabei auch ein paar Groschen ab, er ist heute hundertfacher Millionär. So fällt es ihm nicht schwer, für wohltätige Zwecke – wie zum Beispiel der „Sasakawa-Gedächtnisstiftung für Gesundheit", die sich besonders der Lepra-Krankheit annimmt – zu spenden oder mit Geld und zeitgeistigem Rat Karate- und Judo-Verbänden beizustehen, deren Präsident er dann der Einfachheit halber auch gleich noch ist. Und als Mann eines gewissen Reichtums läßt es sich schlecht vermeiden, hin und wieder in die Niederungen des politischen Geschäfts gezerrt zu werden: Verläßliches ist kaum zu erfahren, aber mancher Beobachter sieht Sasakawa als einflußreiche Eminenz der regierenden Liberaldemokratischen Partei, Königsmacher für Premierminister, als glühenden Kämpfer gegen jede Unart kommunistischer Prägung. Wenig ist bekannt über angebliche Verbindungen Sasakawas zur japanischen Unterwelt. Allein in einem Punkt läßt der alte Herr gar nicht erst Unklarheiten entstehen: er habe sich bisher mit fünfhundert Damen auf zärtliche Techtelmechtel eingelassen.

Nun, Wiederholungen langweilen das Publikum. Dies wird der auf Breitenwirkung angelegte Sasakawa sicher schon vor geraumer Zeit festgestellt haben. Und so hat er sich wieder etwas Feines ausgedacht: Am 28. Mai 1905 sank das 8500 Tonnen große russische Kriegsschiff „Admiral Nakimow" vor der Insel Tsushima. Es war während des russisch-japanischen Krieges zur Verstärkung der Pazifik-Flotte des Zaren von Europa nach Ostasien geschickt worden – angeblich mit einer großen Menge von Platin-Barren und Goldmünzen an Bord, um den Krieg gegen Japan zu finanzieren. Viele Versuche, einen Teil dieser Schätze aus dem in hundert Meter Tiefe ruhenden Wrack zu bergen, scheiterten bisher an schlechtem Wetter, an starker Strömung oder allein deswegen, weil keine Bergungsgesellschaft das Risiko eingehen wollte, bei Arbeiten am Schiffskörper die noch an Bord befindliche Munition zur Explosion zu bringen.

Doch Sasakawa hat mit Hilfe eines in Singapur gebauten Spezialschiffes und unter Einsatz hauptsächlich britischer

Taucher erreicht, daß er für einige Zeit wieder vor Fernsehkameras posieren kann. Das Rezept hierfür ist einfach: Man nehme einige verwitterte Metall-Barren, zeige sie einem staunenden Publikum, behaupte, es handle sich um Platin im Wert von, sagen wir, fünf Millionen Mark; hinzu rühre man ein Angebot an die politischen Nachfolger des Zaren: diese Schätze, und noch mehr, sind euer, wenn ihr uns Japanern die kurz vor Kriegsende entwundenen Territorien zurückgebt. – Ob denn die Barren wirklich aus Platin seien, wird der ehrwürdige Herr gefragt. Er könne das noch nicht beantworten, denn bisher habe er es nicht für nötig gehalten, das geborgene Material einer wissenschaftlichen Untersuchung zu unterwerfen. Erst einmal solle alles aus dem Schiff herausgeholt werden, dann würden die Schätze aussortiert, und schließlich werde man sich an die Bestimmung der verschiedenen Materialien machen. Im übrigen sehe er keine Eile für das von ihm finanzierte Unternehmen: Bei der Operation sollten Menschenleben nicht riskiert werden. Außerdem glaube er kaum, daß Moskau versuchen werde, den Schatz zu stehlen. Er selbst, so beteuert Sasakawa, wolle natürlich keinen Yen aus diesen von ihm auf etwa siebzig Milliarden Mark geschätzten Wertgegenständen für sich behalten, denn „die Welt ist eine Familie ...“.

So weit, so gut. Das Spüren nach versteckten, kostbaren Gegenständen beflügelt die Phantasie des Menschen. Aber Sasakawas Angebot an die Herren im Kreml scheint doch ein wenig absurd, oder? Nicht ganz. Moskau hat das japanische Außenministerium wissen lassen, daß es das Schiff beansprucht. Die rechtlichen Grundlagen hierfür sind nicht allzu sicher. Allerdings, die Admiral Nakimow liegt innerhalb der (erst seit kurzer Zeit geltenden) Zwölf-Meilen-Zone japanischer Gewässer, und Moskau hat sich in den vergangenen 75 Jahren nie um das Wrack gekümmert. Das japanische Außenministerium ist der Auffassung, das Schiff mit seinen Schätzen gehöre Japan. – So mag man über die Absicht des Kreml im Augenblick nur spekulieren: Es ist unwahrscheinlich, daß Moskau den Hinweis Sasakawas ernst nehmen will, der Wert der Schätze aus dem Schiff übersteige bei weitem die für eine wirtschaftliche Erschließung Sibiriens benötigten Investitionen japanischer Geschäftsleute; folglich sei der Tausch des Schiffes gegen die von der Sowjetunion „okkupierten nördlichen Territorien“ für Moskau durchaus erwägenswert. Wahrscheinlicher ist, daß der Kreml durch seine Demarche einen Präzedenzfall schaffen will, um zu verhindern, daß russische oder sowjetische Schiffe – vor achtzig Jahren oder vor einigen Monaten in Gewässern mehr oder weniger befreundeter Nationen gesunken – nicht von irgendjemandem gehoben werden können, wegen möglicher an Bord befindlicher Schätze wie Perlenketten oder sensitivem Militärmaterial.

Für eines jedenfalls sollte Sasakawa dem Kreml aus tiefster Seele danken: Die Herren vom Politbüro haben seiner Sucht nach Publizität einen Dienst erwiesen, der diesem alten reichen Mann mit Gold oder Platin allein nicht möglich gewesen wäre; und Ryoichi Sasakawa wird für einige Monate – dem Zeitgeist Rechnung tragend – auf die im Zweiten Weltkrieg verlorenen Gebiete deuten, vielleicht auch die Diskussion um Verstärkung der japanischen Armee beleben – und das bleiben, was er zeitlebens war: ein reichgeschmücktes Zirkuspferdchen, auf dem sich eine Weile gut reiten läßt, bevor man sich wieder den Possen der realeren Welt zuwendet.

QUER DURCHS LAND

Tips für Autofahrer

Autofahren in Japan: mit ein wenig Verstand, Höflichkeit und Reaktionsvermögen kommen Sie mit Benzin tatsächlich rascher voran als auf den ausgezeichnet ausgebauten und mit preußischer Präzision befahrenen Schienen.

Verstand: Fahren Sie nie morgens zwischen acht und zehn, abends zwischen fünf und sieben Uhr mit dem Auto, benutzen Sie dann das hervorragende U- und S-Bahn-System oder die „Shinkansen"-Schnellzüge; fahren Sie nie am frühen Samstagnachmittag, wenn viele Büros ihre Wochenarbeit beendet haben, in die Erholungsorte in der Nähe der großen Städte; und fahren Sie mit dem Auto nie auf der übelsten Strecke Ostasiens: zwischen Tokio und dem von unverantwortlichen Planern in sechzig Kilometer entfernt gelegene Reisfelder gestampften internationalen Flughafen Narita. Natürlich werden Sie diesen Rat erst einmal nicht beherzigen, „ich komme überall durch". Gut, gut. Wenn Sie das erste Mal gegen den Trieb ankämpfen, mit rauchenden Reifen über die Leitplanken auf die freie Gegenfahrbahn überzusetzen, dann sanft den Radioknopf drücken und mit den Rolling Stones summen „Emotional Rescue".

Kaufen Sie sich auch Karten – auf manchen sind Orte und Vororte in lateinischen Buchstaben und zum Teil auch in chinesischen Zeichen eingetragen. Und fahren Sie über kleine Nationalstraßen. Je höher die Zahl der „Route National", desto gewundener, schmaler – oft einspurig – die Strecke. Sie werden in Dörfern landen, deren Namen Japaner an mythologische Weiler auf den Inseln der Glückseligkeit erinnern mögen, dort dürfen Sie bei hilfsbereiten, bei den freundlichsten Menschen übernachten, in japanischen Räumen – zu einem wahrlich maßvollen Preis, überbordendes Frühstück und Abendessen inbegriffen –, umgeben von Feldern und Fröschen.

Immer wird Ihnen ein Japaner den Weg weisen, auch wenn Sie nur die Worte für rechts und links verstehen. Aber Vorsicht: Wie etwa in entlegenen deutschen Landen wird Ihnen auch hier in Dörfern widerfahren, daß rechts und links – migi und hidari – verwechselt werden. Wenn Ihnen also der freundliche Bursche in Strohsandalen den Weg nach Takayama weist und laut wiederholt „migi-migi", dabei aber mit dem Arm energisch nach links weist: vergessen Sie dann seine Worte, vertrauen Sie allein seiner Körpersprache und fahren Sie unbeirrt nach links. – Demjenigen, der sich mit den in der japanischen Schrift benutzten chinesischen Zeichen nicht auskennt, sei empfohlen, sich vor Überlandfahrten wichtige Orte – mit japanischer Aussprache – zu notieren; dies erleichtert die Rückkehr von Sandbänken oder Treidelpfaden in gebirgigem Gelände.

Höflichkeit: Das Schlüsselwort für das Überleben im japanischen Straßenverkehr. Sollten Sie zu Übertreibung neigen, beugen Sie den Oberkörper bis zum Nabel aus dem Seitenfenster, bevor Sie sich in den rauschenden Verkehr einfädeln möchten. Falls Sie zur Untertreibung neigen, dreschen Sie auf das Gaspedal ein und zwängen Sie sich zwischen ein lichthupendes Taxi und einen donnernden Vierundzwanzigtonner. Doch ein Kompromiß kann hier in Japan – wie immer – nicht schaden: zuvorkommend blinken, Entschuldigungen murmeln und sich in den Strom der Wagen einordnen. Die hinausgestreckte Hand ist wichtig: Normalerweise rollen die Automobilisten dahin, ohne daß sie sich um Nebenleute kümmerten; wenn allerdings Höflichkeit ins Spiel gerät – eben die Hand oder ein nach Vorfahrt heischendes Gesicht hinter beschlagener Scheibe, dann lassen die japanischen Autofahrer die Bremsen spielen, ordnen sich dem Gemeinwohl des fließenden Verkehrs unter.

Höflichkeit ist auch angebracht im Umgang mit der allgegenwärtigen Polizei. An Kreuzungen, die mit Ampeln wohlversehen sind, stehen Polizisten, eine Trillerpfeife scheint ihnen an der Unterlippe festgewachsen – und pfeifen schrill zum Rhythmus der Rot-, Gelb- und Grüntöne. Sie pfeifen auch, wenn jemand falsch abbiegen will oder vorschnell – wenn die „gegnerische" Ampel von Grün auf Gelb umgesprungen ist – davoneilen möchte. Auch lauern Polizisten mit strengem Gesicht hinter engen Kurven oder vor Baustellen auf den Autobahnen; erst aus kürzester Entfernung bemerkt der Fahrer, daß es sich dabei um wohlproportionierte aufgeblasene Plastikattrappen handelt. Die japanische Polizei ist darüber hinaus nicht unerfahren in der Installation von Radarfallen. Die erlaubte Höchstgeschwindigkeit auf Autobahnen, für deren Benutzung an „Mautstellen" eine hohe Gebühr zu entrichten ist, beträgt einhundert Kilometer in der Stunde. Wer sich von den in alle japanischen Autos eingebauten Läutwerken nicht beeindrucken läßt, die ab etwa 105 Kilometer je Stunde nervtötend zu klingeln beginnen, der sei auf der Hut. In Städten beträgt normalerweise die Höchstgeschwindigkeit für „schnelle" Autos und Motorräder 50 Kilometer die Stunde, für „mittelschnelle" 40 Kilometer – fast niemand hält sich daran.

Ausländer sind gegenüber Japanern nach dem Ertapptwerden im Vorteil: Wird man angehalten, empfiehlt es sich, seinen mühsam erlernten Japanisch-Wortschatz zu vergessen, sich zum Barbaren zu bekennen; dem Polizisten wird schwarz vor Augen, wenn er hinter der Frontscheibe eine blauäugige Großnase ausmacht, mit der doch so schwer zu kommunizieren ist. Wird die Frage „Sind Sie Diplomat?" (dem man ja Immunität zubilligen kann) verneint, dann nimmt die Ratlosigkeit zu; in allen Papieren und Ausweisen blättern, Nummernschilder überprüfen, belehren – und dann den Ausländer möglichst unauffällig von hinnen ziehen lassen, damit sich die Wut der zu deftiger Zahlung verdonnerten japanischen Verkehrssünder nicht gegen die parteiische Polizei oder gar den Fremden wende.

Politessen fahren zu zweit in Kleinstwagen die Straßen ab, um falsch geparkte Autos auszumachen. Die Beifahrerin kurbelt neben einem solchen Sünder das Fenster herunter, schiebt einen Bambusstock, an dessen unterem Ende Kreide befestigt ist, heraus, markiert einen Reifen und schreibt die Uhrzeit auf den Asphalt. Steht bei der nächsten Runde das Automobil immer noch am selben Fleck, wird über Funk ein Abschleppwagen geordert, der das Fahrzeug dann zu einem nahegelegenen Parkhaus zieht. Der Fahrer muß eine Strafe zahlen – und auch die Parkgebühren. Solches widerfährt einem nicht nur in der Innenstadt, sondern auch in Wohngebieten außerhalb. Die Straßen sind eng, der Autos sind viele – und so muß man sich vor der Zulassung von der Polizeistation um die Ecke bestätigen lassen, daß man einen Parkplatz im Haus oder in unmittelbarer Nähe zur Verfügung hat.

Reaktionsvermögen: Vor zwei Arten japanischer Autofahrer sei gewarnt: den schon erwähnten Taxifahrern und den Lastwagenfahrern. Egal, ob es nun Sattelzüge mit drei Achsen sind oder die vielen Kleinlastwagen, die ihre Güter bis in die engen Straßen schaffen: alle Fahrer stehen unter Zeitdruck, fühlen sich außerdem dank ihrer „Tonnage" den Personenautos überlegen. Sie ziehen von einer Fahrbahn auf die andere und blinken hernach, wenn man an der Leitplanke entlangschrammt, höflich oder augenzwinkernd. Die Taxifahrer sind nur des Nachts Herren über mögliche Gäste – wenn die U-Bahnen kurz nach Mitternacht ihre Fahrten eingestellt haben. Tags aber borden die Straßen über vor Taxis, die Chauffeure spähen nach Opfern, halten abrupt mitten auf der Fahrbahn, reißen per Hebel die Hintertür auf; der nachfolgende Automobilist hat Mühe, die Fassung zu bewahren. Private Taxis – zu erkennen etwa an gelben Plastiklampions auf dem Dach, auf die die beiden Schriftzeichen für „Privat" aufgemalt sind – stellen keine so große Gefahr für die anderen Verkehrsteilnehmer dar; vornehmlich ältere Herren steuern da weißbehandschuht ihre eigene Verdienstquelle, nach Jahren des Sparens erworben, umsichtig durch die Fährnisse der Straßen – bedacht, das mindestens einmal am Tag zu waschende, mit Spitzendecken ausstaffierte Wertobjekt, das in Pausen auch noch mit einem Hühnerfederwedel entstaubt wird, frei von Schrammen und Beulen zu halten.

Wer sich gegen die Tokioter Taxis zur Wehr setzen will, der sollte eine Weile in Kairo oder Seoul Nachhilfeunterricht nehmen für den Kampf um Millimeter auf gesättigten Straßen; er benötigt starke Nerven und ein gutes Auge, um bei karambolage-trächtigen Szenen den Fuß am Gaspedal zu lassen und die Kühler-Nase vorn zu behalten. – Aber was soll's?

Verstand, Höflichkeit, Reaktionsvermögen: versehen mit diesen drei Eigenschaften sollten Sie Spaß am Autofahren in Japan haben. Nun gut, Motorradfahrer sollten wir noch erwähnen, die zwischen Autoreihen entlangzischen oder nach dem Anfahren fünfzig, sechzig Meter weit allein auf dem Hinterrad davonstieben, wie auf einem bockenden Pferd. Auch müssen Sie sich daran gewöhnen, daß Ihnen nach dem Einbiegen in eine Einbahnstraße ein Rudel von Leichtmetall-

Rennradlern entgegenstiebt. Der Alltag jedoch ist erquikkend. Ihr Autohändler ruft Sie vor fälligen Inspektionen an, holt das Auto ab, fragt nach Wohlbefinden und Beschwerden. An Tankstellen – Zapfsäulen sind selten, die Schläuche hängen vom Dach herunter, können mit Knopfdruck bis zur Höhe des Tanks herabgelassen werden – werden Sie höflich auf den Staub aufmerksam gemacht, der sich auf dem Auto abgelagert hat, beim nächsten Besuch freundlich gezwungen, sich doch niederzusetzen, eine Zigarette zu rauchen, während das Auto gewaschen wird – „Service“ natürlich für den treuen Kunden. Wenn Sie wieder auf die Straße fahren, steht dort schon ein Angestellter, hält – sich verneigend – den Verkehr auf und wünscht gute Fahrt.

Auch den Führerschein zu erwerben, ist nicht schwer; ein wenig Bürokratenkram, von Schalter zu Schalter laufen, Geld einzahlen, Steuermarken, Stempel. „Das Paßbild ist aber zu groß“, sagt ein Beamter. „Dann schneiden Sie es doch bitte zusammen.“ „Nein, das geht nicht, da bleibt ja nur noch die Nase übrig.“ „Ja, reicht sie denn nicht?“ Lachen. „Nein.“ Also müssen wir uns noch über die Straße begeben, dort ein fingernagelgroßes Porträt anfertigen lassen. Schließlich ein Sehtest, der Prüfling muß mit einem Auge durch ein optisches Gerät blicken und mit dem Daumen andeuten, wo der im Projektor abgebildete Kreis offen ist – links, unten, oben ... Kurzsichtige Ausländer verlegen sich hin und wieder auf Kompromisse und deuten nach Nordwest.

Und dann werden Sie auf den Verkehr in Japan losgelassen. Nach einigen Wochen wagen Sie sich schon in unbekannte Gefilde. Wenn Sie nicht mehr weiterwissen, halten Sie an einem Bahnhof an, lesen dort die auch in lateinisch geschriebene Bezeichnung, die Sie auf dem Stadtplan wiederfinden. Wir haben auch noch einen Kompaß im Auto, für regnerische Tage und für die Nacht. Und noch einige Wochen später sind Ihnen nicht nur die wesentlichen Verkehrsschilder geläufig, Ihnen dürfte dann auch die wichtigste Regel für Autofahrer in Japan in Fleisch und Blut eingegangen sein: hier auf den Inseln ist man übereingekommen, sich auf der linken Straßenseite vorwärts zu bewegen.

Bebende Erde

„Interessant, solch ein Erdbeben" – welch grüner Ausländer, erst seit kurzem in Japan ansässig, hätte nicht schon solch markigen Spruch von sich gegeben. Doch derart halbstarke Positur bei einem Grummeln in der Erde, das die Wände wackeln läßt, weicht nach dem zweiten, dritten Erdstoß schon einem leichten Zähneklappern. Zu Recht. Die Zerstörungen eines sehr starken Erdbebens, wie es etwa am 1. September 1923 auftrat, werden zum Beispiel im Gebiet von Tokio derart verheerend sein, daß die Bewohner der japanischen Hauptstadt sich solches besser nicht ausmalen. Denn die Alternative zu der von den meisten, auch in Behörden arbeitenden Bürgern zur Schau getragenen stoischen Ruhe – Schminke für das Gefühl, sich sowieso ins Unvermeidliche fügen zu müssen – wäre: bekleidet mit einem Asbestanzug, die Sauerstoff-Flasche in Reichweite, neben Konservendosen und Metallbehältern voller Wasser unter einem stabilen Tisch sein Leben zu fristen. Das wäre unbequem. Besser ist, die Gedanken an ein großes Beben aus dem Bewußtsein zu wischen, höchstens mit dem einen oder anderen nächtlichen Alptraum leben zu lernen.

Fachleute sagen für die Gegend um oder unter Tokio voraus, daß in naher Zukunft ein starkes Erdbeben kommen werde, wobei die Angaben für die Nähe der Zukunft zwischen „unmittelbar bevorstehend" und „zehn bis zwanzig Jahre" schwanken. Wir verfügen nicht über plausible Argumente, um an diesen Voraussagen zu zweifeln. Nach Angaben der Regierung der Metropole Tokio, in der knapp zwölf Millionen Menschen leben, werden bei einem Erdbeben der größten Stärke (7,9 auf der japanischen Skala) in Tokio 35 675 Personen sterben und 63 026 verwundet werden. Angenommen wird: in den Tagen vor dem Beben hat es nicht geregnet: der Erdstoß tritt – im trockenen Winter – nachmittags um vier Uhr auf, wenn bei den meisten Familien das Abendessen auf dem Feuer brodelt; der Wind kommt aus nordnordwestlicher Richtung mit einer Geschwindigkeit von 22 Kilometern in der Stunde (Stärke 4 der Beaufort-Skala); im angrenzenden Seegebiet herrscht Flut.

Diese präzise Zahlen sind zustande gekommen mittels einer

aberwitzigen Formel. Daß es konservative, optimistische Zahlen sind, dies geben selbst Mitarbeiter der Regierungsabteilung für Maßnahmen gegen Katastrophen zu. Obwohl die Schätzungen erst vor wenigen Jahren angestellt worden sind, haben sich in ihnen weder der Boom im Hochhausbau noch die unterirdischen Ausuferungen von Ladenpassagen, noch überfüllte Bahnsteige auf Bahnhöfen oder die zunehmende Verkehrsdichte auf den zum Teil zwanzig Meter über der Erde dahinführenden Stadtautobahnen niedergeschlagen.

Die Beamten lügen sich in die eigene Tasche – ein verständlicher Selbstbetrug, wenn sie angesichts der ungeplant, chaotisch gewachsenen Struktur der Riesenstadt Tokio mit den unzähligen, auf engstem Raum untergebrachten Holzhäusern (die bei einer zu erwartenden Feuerwalze wie Zunder brennen) „nur" mit 35 675 Todesopfern rechnen. Denn anders als zum Beispiel in der im Krieg ebenfalls schwer mitgenommenen Stadt Nagoya hat sich in Tokio eine Autorität nicht gefunden, die den Aufbau aus den Trümmern auch unter stadtplanerischen – und damit lebenerhaltenden – Gesichtspunkten betrieben hätte.

Statt dessen wurde gebaut, daß die Holzbalken wackelten. Fluchtwege werden abgeschnitten sein, der Sauerstoff über „Sammelpunkten", die Schutz vor einem Flammeninferno bieten sollen, mag schnell aufgebraucht sein; „Brandschneisen" – wie im Wald, so auch nützlich in einer vornehmlich aus gut brennbaren Materialien bestehenden Riesenstadt – bestehen in Tokio, abgesehen von einigen Ausnahmen, nicht. Und dieser betrübliche Zustand wird sich erst nach einer neuerlichen großen Zerstörung – wie der von 1923 oder der in den vierziger Jahren von amerikanischen Brandbomben verursachten – beseitigen lassen, wenn wieder einmal eine Katastrophe Tokio in Schutt und Asche gelegt haben wird und wenn dann vorausschauende Japaner Ordnung in das heute vorherrschende Wirrwarr bringen.

Nein, die zuständigen Beamten in Tokio haben sich schon große Mühe gegeben, sich zu wappnen gegen ein Erdbeben in der südlichen Kanto-Ebene nahe Tokio, in der Tokai-Gegend südwestlich der Hauptstadt – grob zwischen dem Fuji und dem angrenzenden Ozean – oder auch gegen ein direkt unter Tokio losbrechendes Beben. An vielen Stellen auf dem Land oder auf dem Meeresboden sind Stationen zum Messen der Veränderung des Grundwasserspiegels, des Wasserstoffgehalts und anderer Gase sowie vieler anderer Daten für die Voraussage von Erdbeben angebracht; die Daten laufen in der meteorologischen Agentur in Tokio zusammen. Sie hat Broschüren verteilt, die erläutern, wie man sich im Notfall verhalten sollte, wenn Vasen vom Sims fallen (die gefugten Holzhäuser werden einen starken Stoß mit leichtem Ächzen überstehen), wenn Flutwellen oder Feuersbrünste drohen, oder wenn – wohl am meisten befürchtet – Panik in der Bevölkerung ausbricht: die Häuser in guter Verfassung halten, Feuerlöscher und Löschwasser zur Verfügung haben, Trinkwasser und Lebensmittel für mindestens drei Tage aufbewahren, dazu auch Erste-Hilfe-Material, Taschenlampen und so weiter, Fluchtwege kennen, mit Nachbarn in einem solchen Notfall zusammenarbeiten. Diese Broschüre gibt es auch auf Englisch, denn schließlich leben in Tokio temporär gut 130 000 Ausländer; da sie im Stadtbezirk Minàto konzentriert sind, werden die auch dort überall installierten Lautsprecher im Ernstfall nicht nur in Japanisch, sondern auch in Englisch zu Besonnenheit mahnen und Anweisungen verbreiten.

Pläne existieren, die festlegen, wann bei verdächtigen Anzeichen in der Erdkruste oder am Meeresboden die „Sechs Sachverständigen" (Wissenschaftler, jeder trägt einen „Piepser" am Gürtel, um jederzeit erreichbar zu sein) zusammenkommen müssen, um über die Wahrscheinlichkeit eines kurz bevorstehenden großen Bebens zu beraten; wie viele Minuten verstreichen sollen, bevor sowohl die Medien unterrichtet werden als auch der Premierminister eine Warnung veröffentlichen soll. Sie haben Wassertanks für den Notfall installieren lassen, auch Decken und Notrationen gestapelt. Sie haben auf bunten Karten Fluchtwege und Sammelpunkte eingezeichnet, die natürlich nur bei einer Feuersbrunst aufgesucht werden sollen – „andernfalls" bleibt man besser zu Hause, die Läden werden wieder öffnen, notfalls werden die von der Regierung gestellten Wasserwagen zur Versorgung durch die Straßen fahren. Sie trainieren mit freiwilligen Gruppen und mit der Feuerwehr für den Ernstfall, sie führen in Schulen vor, wie man rasch ein Feuer löschen kann.

Doch all dies gemahnt an den kindlichen Versuch, mit Sandburgen eine Sturmflut aufhalten zu wollen. Denn wenn die große Faust von unten wieder einmal an die Erdkruste pocht, wenn quadratmetergroße Glasscheiben von Hochhäusern herabfliegen, wenn Betonhäuser abknicken, Ziegel fallen, wenn Gasherde und Kohlefeuer zu züngeln beginnen, Verkehrsampeln den Kopf hängen lassen, hohe Meereswellen gegen die Küste rasen, Berghänge ins Rutschen kommen – wenn Menschlein vor lauter Schüttelei, horizontal und/oder vertikal, aus dem moralischen Gleichgewicht geraten und mit gebleckten Zähnen dem Jenseits auszuweichen suchen, dann werden die papiernen Pläne wenig ausrichten. Denn die Versäumnisse in der Stadtplanung für Tokio, der „östlichen Hauptstadt", können nicht mit derart rührender Vorsorge für den Katastrophenfall wettgemacht werden. Ganze Stadtgebiete müßten abgerissen und dann „geplant" wieder aufgebaut werden – also unter Verwendung von schwer brennbaren, stabilen Materialien, unter Einbeziehung breiter Straßen und großzügiger Grünflächen. Doch das geht nicht, weil das eine diktatorische Regierungsgewalt, versehen mit umfangreichen finanziellen Mitteln, voraussetzte.

So warten alle auf den nächsten Schlag. Kaufhäuser bieten „Überlebensbeutel" an, Kindergartenkinder stülpen sich bei Übungen wattierte Kopfbedeckungen über, ja es wird sogar gemunkelt, daß Ausländer mit dem Motorradhelm auf dem Kopf ins Bett gestiegen seien.

Tag und Traum in Tokio

Eine der gemütlichsten Metropolen der Erde, das ist Tokio. Natürlich, ein Instant-Tourist, der auf der Jagd durch Ostasien auch der japanischen Hauptstadt zwei Tage widmet, um zu Hause die Weltkarte mit Fähnchen besuchter Orte zu spicken – ein solcher Genosse Rastlos wird hier in der östlichen Hauptstadt nur Nervosität, Unruhe, Drängelei, Neurosen finden – er bringt sie ja schon in seinem Solarplexus mit. Doch der Rest, die zwölf Millionen Tokioter, läßt sich nicht so schnell aus der Ruhe bringen. „Waren Sie denn noch nie morgens um Viertel nach acht in Ikebukuro, in Shinjuku, in Ueno oder auch nur am kleinen Bahnhof von Ookayama? Haben Sie nie im Stau auf der Stadtautobahn gestanden, dreißig Meter über der Erde, getragen von Betonpfeilern – und haben sich gefragt: Warum wackelt das Automobil? Ist's der Luftdruck der auf freier Gegenfahrbahn vorbeidonnernden Lastwagen, oder ist's ein Erdbeben? Sind Sie nie von Abertausenden zum Meiji-Schrein hin gedrängt worden?" Doch. Aber in Hektik oder Panik geraten sind wir dabei nie, im Gegenteil, wir fließen mit im Strom der U-Bahn-Fahrer, der Automobile, der Shintoisten.

Eines allerdings müssen wir zugeben: Es gibt eine Spezies hier, die ihren Mitmenschen vor allem in den Vorort- und Untergrundbahnen mit Geschubse und kalter Unhöflichkeit auf den Nerv geht: die alten Damen Tokios. Diese Großmütter, kimonobewehrt, schmallippig, straff nach hinten gekämmte Haare oder fast makellos sitzende schwarz-rötliche Perücken zur Schau tragend, Zoori-Schlappen an den Füßen, klein von Gestalt, arbeiten sich mit den Ellenbogen zwischen diszipliniert auf den Bahnsteigen aufgereihten Menschen nach vorn, werfen sich in der gerade halb geöffneten U-Bahn-Tür gegen die herausströmende Menge und pressen sich ohne entschuldigendes Gemurmel zwischen friedlich Dösende auf den langen Sitzbänken.

Aber wer wollte es ihnen verdenken, den Großmüttern, lang genug waren sie im Haus mit Kindererziehung beschäftigt, verwalteten unter der Aufsicht der Schwiegermutter das Haushaltsgeld; manchen Monat wollte jeder Yen umgedreht werden. Der Mann war sowieso nur einmal in sieben Tagen ansprechbar, und dann jammerte er über längst fällige Beförderungen, über fehlendes Geld, über die Bürde, die das Dasein nach dem Dienst in Bars – Damen in Seide lachen herzhaft über die allzu oft schon gehörten Witze des Vorgesetzten – für den rechtschaffenen, nach oben strebenden Familienvater mit sich bringe. Nun ist er tot. Das Leben aber geht weiter und will bewältigt werden: zwei Minuten lang auf die nächste U-Bahn zu warten, nein, dazu haben die Großmütter keine Zeit.

„Da Sie gerade vom Nachtleben sprechen: Wir hörten da Geschichten!" Besucher halten eine Hand vor den Mund, zwinkern zuweilen verständnisheischend mit einem Auge.

Ach, was soll man da sagen? Natürlich hat auch Tokio, wie jede andere Stadt am Meer, seine Vergnügungsviertel: Roppongi, Shinjuku, Ginza, Asakusa, Akasaka. Ausländer verwechseln die letztgenannten oft wegen der ähnlichen Aussprache und finden sich nachts verdrossen vor verschlossenen Fahrradläden wieder; ein Taxi bringt sie dann in die avisierte Nachtbar in Akasaka. Dort lauert, wie überall in solchen Vierteln, die klebrige Langeweile der türkischen Bäder, der Pink-Saloons, Topless-Bars. Männer stellen für einiges Geld Frauen nach, die ihnen schmachtende Blicke aus feingeschwungenen Augen zuwerfen. Seit mehr als fünfundzwanzig Jahren ist hier in Tokio die traditionsreiche Epoche des Yoshiwara-Viertels vorüber, in dem begüterte Herren um die Gunst von Geishas buhlten – gebildeten Damen, die nicht nur die Saiten japanischer Instrumente zu zupfen wußten, sondern auch im Gespräch über Literatur und Politik beeindruckten und beeinflußten. Auch heute, ja, vibrieren manche Gegenden Tokios noch gegen Mitternacht vor Lebenslust. Abgeordnete und Prokuristen suchen ihre Konkubinen heim, denen sie – da eine Ehe nicht möglich war – ein kleines Restaurant, ein Geschäft einrichteten. Andere sind auch nicht müßig und betrachten in kühlen Sälen an Anatomie-Vorlesungen erinnernde Bühnendarstellungen des anderen Geschlechts. Jazz-Clubs, Diskotheken, deutsche Bars, indische Restaurants sind noch voll wacher Bürger. Aber der Rest, knapp zwölf Millionen, träumt in engen Schlafräumen.

Und der Rest ist gut beraten; denn am nächsten Morgen geht es wieder in die Untergrundbahn; stehend, eingeklemmt in der Masse der Mitreisenden, Lyrik zu lesen, verlangt Übung und Langmut. Viele junge Leute in schwarzen Schuluniformen bereiten sich noch rasch auf den Unterricht vor – auf ihnen lastet tatsächlich täglicher Streß angesichts der in Japan auf die Spitze getriebenen Anforderungen an Schüler, die eine „angesehene“ Universität besuchen wollen, um sich den Weg in die höheren Etagen der Konzerte, der Ministerien zu ebnen.

Hinaus aus dem Schacht, hinaus auf die Straße, tausend Menschen wollen auf die andere Seite. Die Ampel zeigt Grün, der Fluß der Passanten trägt uns hinüber zum anderen Trottoir, vorbei an Schuhputzern, die in Lärm und Staub die Welt nach dem Zustand der vorübertrappelnden Sohlen beurteilen, um sich dann wieder der Lektüre der „Japanischen Wirtschaftszeitung“ zuzuwenden, vorbei an Lotterie-Händlern, vorbei an einem nationalistischen Rufer, der auf fahnengeschmücktem Lastwagen steht, über vier Lautsprecher vor der Gefahr aus dem Westen warnt, also der aus China und der Sowjetunion; niemand nimmt Notiz, nur ein streunender Hund – eine seltene Erscheinung hier in Tokio, da diese Tiere nicht frei herumlaufen dürfen – hebt den Kopf, neigt ihn, hebt das Bein und pinkelt gegen den Reifen; vorbei an Shabu-shabu-Restaurants – und plötzlich: Entschuldigungentschuldigung, wir sind mit einem Zimmermann zusammengestoßen, weite Beinkleider, das gewundene weiße Tuch um den Kopf gebunden: Zu sehr haben wir uns auf den Strom der Mitmenschen verlassen, der uns vorwärtsschiebt. Hier trägt dieser Strom nicht mehr, wir sind eingetaucht in Seitengassen und erwacht.

Und wenn wir einmal die überfüllten Schnellstraßen, die Kaufhaus- und Bankzentren, den Kaiserpalast, die genannten Vergnügungsviertel vergessen: Tokio besteht aus diesen Gassen – Sträßchen, in denen morgens gegen elf Uhr die Läden hergerichtet werden für die Kunden; in denen der Friseur viel Sorgfalt aufwendet für einen phantasielosen Haarschnitt des Holzhändlers von nebenan; in denen Mütter, das Kind auf den Rücken gebunden, die Ursache des Brandes im Reisladen vor zwei Wochen diskutieren; in denen wir abends zwischen fünf und sieben Uhr Jung und Alt, Plastikschüsselchen und Lappen unter dem Arm, dem Badehaus entgegenstreben sehen. Hier, in diesen Dörfern, die Tokio ausmachen, schöpfen wir Ruhe. Gewiß, die Häuser sind klein, der Klatsch ist groß, an Neid, Eifersucht und allen anderen menschlichen Leiden fehlt es nicht. Aber hier stellt sich ja auch Zuspruch ein, Zuneigung, Nachbarn helfen einander – kurz: hier wird gelebt.

Lassen Sie sich also nicht täuschen von Tokio, verlassen Sie die Trampelpfade, und Sie werden einen Hauch Edo einfangen – Name dieser Ansiedlung, bevor sie 1868 zur Hauptstadt wurde.

Nächster Fisch, nächste Zahl

Gehen Sie von der Ginza achthundert Schritt nach Südwesten. Ja, natürlich von der Kreuzung mit dem Wako-Kaufhaus zur linken Hand, mit den avantgardesken Dekorationen im Schaufenster; aber das hilft Ihnen ja nicht weiter, die Rollläden sind noch heruntergezogen, wenn Sie aufbrechen. Nach der Sonne können Sie sich auch nicht richten, die lauert noch unter dem Horizont. Nehmen Sie halt ein Taxi und wiederholen Sie Tsukiji, Tsukiji – weit ist es nicht, der Fahrer wird Ihre Ausländeraussprache schon verstehen und zum Ende seiner Nachtschicht noch schnelle 380 Yen verdienen.

Halb sechs Uhr morgens. Die Nacht auf der Ginza, in ihren Seitengäßchen mit Sashimi-Restaurants und Pink-Clubs, ist vorüber, der Wind weht Papiertüten, Eintrittskarten, Abendzeitungen in Spiralen über erbrochene Nudelhäufchen, gekrümmte japanische Chlochards und einen verlorenen blanken schwarzen Herrenschuh. Sechshundert Meter noch auf der leeren Fahrstraße mit dem dreißig Zentimeter breiten Grünstreifen. Kurz bevor die Brücke über den Sumido-Fluß anhebt, biegen wir rechts ab, linkerhand ein Shinto-Schreinchen, geradeaus wieder über ein Brückchen, das eines der vielen Fleete überspannt. In diesem Augenblick überkommt uns die große Ruhe hier in Tokio am frühen Morgen, wir tauchen ein in die Menge der guten Menschen von den Fischmärkten.

Natürlich haben wir uns alle Fakten vorher angelesen: 2500 Tonnen Meeresfrüchte, davon ein Drittel tiefgefroren, werden in Tsukiji jeden Tag umgesetzt, auf wie vielen Hektar Fläche, von soundsovielen handelnden und helfenden Händen. Aber solche Zahlen werden uns jetzt nicht interessieren, da wir – zwischen zwei langen, zweirädigen Holzkarren eingeklemmt – den fahlen Elektrolampen entgegenstreben. Wir befreien uns, wählen Umwege über rückwärtige Gassen, auf denen Lastwagen mit laufenden Motoren lauern – in den verhängten Führerhäusern schlafen die Fahrer dem Morgen entgegen –, und gelangen zum Wasser. Fischerboote reiben sich an der Pier. Links, auf der langen, überdachten Anlandefläche, herrscht Schweigen, wenn hin und wieder auch die Gummistiefel der Männer auf dem gefrorenen Boden quietschen , eine heisere Männerkehle verhalten den Thun in Reih und Glied befiehlt.

Doch der Friede währt nur kurz. Taschenlampen leuchten auf, die Leiber werden inspiziert, Leiber mit offenen Mäulern, abgehackten Schwänzen, mit freigesägten Einblicken in das Innere. Der Lichtstrahl gleitet über das himbeerrote Fleisch, mit der Stahlkralle – an einer Bambusstange befestigt – hacken die Männer in den gefrorenen Bauch des Thunfisches, zupfen sich ein paar Fleischfasern, lassen sie zwischen ihren sensiblen Fingerkuppen hin- und hergleiten. Noch einmal in den Thun-Rachen leuchten – und die Entscheidung ist gefallen: den will ich. Er notiert sich die Nummer des Fisches, zusammen mit dem Gewicht niedergeschrieben auf einem aufgeklebten Zettel. Der nächste wird untersucht. Und so gehen im Halbdunkel die Einkäufer von Fisch zu Fisch, von Reihe zu Reihe, bücken sich, leuchten mit der Lampe, schwingen ihren Greifstock und wärmen sich schließlich vor dem Feuer, das – gespeist von Kistenbrettern – in offenen Blechtonnen lodert.

Dann bricht es los. Ein stämmiger Mann, dem ein Unterhemd auf der Brust reicht, um der Kälte zu trotzen, steigt auf eine Holzkiste, schwingt seine Messingglocke, andauernd genug, daß sich dreißig, vierzig Gestalten um ihn scharen können, legt seine sonore Baßstimme ab, wippt erregt, ekstatisch auf den Fußspitzen und schreit im Falsett abgehackt Wortfetzen gegen die Dämmerung; Raubvogelgeschrei erst; dann allmählich hören wir Zahlen heraus: dreißigdreißigdreißig, fünffünffünf, vierzig ... Hände werden emporgereckt, drei Finger oben, zwei, nur noch einer, Kreiselbewegungen, der Arm sackt herunter.

Der Auktionator auf seiner Kiste hat alle Kunden im Auge, nach zehn Sekunden ist der erste Fisch versteigert, den Zuschlag bekommt Händler Nummer sieben – alle Käufer tragen Pappdeckel an der Mütze, auf denen der Name und eine Zahl prangen; nächster Fisch, nächste Zahl. Nach einer halben Stunde ist das Gebrüll vorüber, Zigarette anzünden, wo bleibt der Gehilfe mit dem Holzkarren? Die ersteigerten Thunfische, von Stahlkrallen in die Höhe gewuchtet, krachen auf die Planken, die Räder knarren durch enge Verkaufsgäßchen zur kostenlosen Säge: erst waagerecht, dann senkrecht wird der gefrorene Fischleib – fast so lang wie ein Mensch –

gegen das Sägeband geschoben, damit er geviertelt und handlich zum großen Restaurant oder zum Zwischenhändler hier in den Hallen gelangt.

Die Zwischenhändler sind auch nicht untätig gewesen in der letzten Stunde vor Sonnenaufgang. Die Stände säubern, Kisten herauskramen, Eis zerstückeln, Wasser auffrischen für die gestern nicht verkauften kleinen Fische, Langusten. Drei, vier Quadratmeter Verkaufsfläche, nebenan die Konkurrenz, gegenüber – durch einen hundert Zentimeter breiten Gang getrennt – die Konkurrenz. Während über diesen Gang der Nachschub rollt, sitzt die Oma, die Frau im Büro – einer Bude so breit wie Schultern – und ordnet die Geschäftsbücher. Links neben der Hand das Telefon, rechts ein Kaffeetäßchen mit Goldrand, dazwischen das Rechenbrett, auf der Nase die Brille, und das Kontor ist rappelvoll – nein, die Blumen vergaßen wir; ob aus Plastik, können wir nicht mehr erkennen, weil uns ein rundliches Dreirad mit Motor zur Seite schubst.

Hinaus aus der Halle, die nach Muscheln, Diesel und auftauendem Fisch riecht, durch Sträßchen mit Nudelrestaurants, Messergeschäften, Keramik- und Korbläden, Händlern für Arbeitskleidung, wieder zurück zur Ginza, sieben Uhr morgens und menschenleer.

Gastfreundliche Unterkunft

Ein Wort zum Reisen in Japan: Geschichten werden verbreitet über Hotels, in denen man für dreißig, vierzig Mark Unterkunft findet – in einer Kapsel, so lang wie ein Mensch, so hoch wie ein Oberkörper, so breit wie von einem ausgestreckten Ellenbogen zum anderen; Ausländer pflegen noch süffisant zu bemerken, diese Kapseln seien mit Fernsehen, Telefon, Radio und Klimaanlage ausgestattet, damit dem japanischen Reisenden die Nacht (wegen beengter Raumverhältnisse muß er sie in seinem Bett allein verbringen, hat jedoch hinter Plastikwänden oben, unten und neben sich noch viele Leidens- oder Schlafgenossen) um so kürzer werde. Was soll man zu solchen Berichten sagen, die im europäischen oder amerikanischen Ausland das Vorurteil von der – zumindest räumlichen – Beschränktheit japanischer Lebensart verstärken, die ein vermeintlich im Ausland bestehendes Interesse tatsächlich existierender Wohnraumnot lediglich auf sargähnliche Hotelzimmer hinlenken? Solche Darstellungen taugen nichts; sicherlich gibt es derartige Kapselhotels. Wenn wir recht informiert sind, mögen es drei oder vier sein in Japan, Kapazität insgesamt etwa fünfhundert Betten; im Land aber leben mehr als einhundert Millionen Menschen.

Begeben wir uns auf die Reise; dieses Mal geht es nach Westen, über den Tomei-Expressway in Richtung Kyoto. Vier Stunden später, etwa fünfzig Kilometer vor der ehemaligen Hauptstadt, verlassen wir die Autobahn, zahlen „Mautgebühr“ und beginnen nach einem Minshuku Ausschau zu halten. Wie soll man das übersetzen? Vielleicht mit „Fremdenzimmer“. Doch das trifft, wie wir bald bemerken werden, den Sachverhalt nicht. Wer die Kanji – die in der japanischen Schrift verwendeten chinesischen Schriftzeichen – nicht beherrscht, der läßt sich vor der Reise die beiden Zeichen – Min für „Volk“ und Shuku für „Unterkunft“ – aufmalen und merkt sich zumindest das erste: Es sieht so ähnlich aus wie ein großes R, durch das rechts unten noch ein waagerechter Strich läuft. Es hilft weiter.

Am Wegesrand weisen Schilder auf Minshukus hin. Gehen Sie hinein, selbst wenn Sie des Japanischen nicht mächtig sind; die internationale Körpersprache für Essen, Trinken, Schlafen wird natürlich auch in entlegenen japanischen Gegenden verstanden; und wenn der Wirt nicht mitbekommen haben sollte, wie viele Personen in seinem Haus nächtigen wollen, dann nehmen Sie Ihre Finger zu Hilfe. Gut ist es auch, wenn Sie irgendwie ausdrücken, daß Sie japanisches Essen, auch das Frühstück, lieben; denn es ist schon vorgekommen, daß Ausländer in einem offensichtlich leeren Minshuku keine Herberge fanden, der Besitzer sagte: Leider sind wir schon total überfüllt; denn er fürchtet sich vor dem Wunsch, morgens ein Viereinhalb-Minuten-Ei, dampfenden Kaffee und Croissants vorgesetzt zu bekommen.

Wie ein Minshuku aussieht? Wir sind ja in Hikone von der Autobahn abgebogen, haben uns über kleinere Straßen am Biwa-See entlanggehangelt, durch die Berge. Die Reisernte hier ist voll im Gange; Ernte-Maschinen tuckern durch die engen Felder, alle drei Meter wird ein Bündel Reis links ausgeworfen, von der Maschine automatisch umflochten. Alte Leute, hauptsächlich Frauen – die jüngere Generation arbeitet in den Städten –, tragen die Reisbüschel zur Straße, laden sie auf Kleinstlastwagen. Neben dem Haus sind Gerüste aufgebaut: Kiefernstämme schräg in die Erde gerammt, verbunden durch geschmeidigen Bambus; der Reis wird darauf gehängt zum Trocknen. Wußten Sie, daß geschnittener Reis einen Duft verbreitet wie geernteter Weizen?

Richtig – immer noch auf der Suche nach einem Minshuku. Die Serpentinen hinunter zum Meer. In engen Kurven stehen Spiegel, die Straße ist schmal, die Dämmerung hat eingesetzt. Zweiter Gang ist eingelegt, wir schielen in den Spiegel, frei – und treten auf die Bremse: Sicherlich mag der Fahrer des entgegenkommenden Jeeps seine Lichter erst einschalten, wenn die Fledermäuse brüllen. Halb sieben, dunkel, die Zeit fürs Abendessen ist eigentlich gerade vorüber, der Magen knurrt.

Natürlich finden wir das Minshuku. Der Herr des Hauses lacht: Deutsch verstehe er nicht, unseren auf japanisch vorgetragenen Witz, daß wir Japanisch nicht verständen, quittiert er mit Grinsen: Er wartet ab, was kommt. Zu essen gäbe es genug – steigen Sie hinüber auf das Boot: Wir ziehen die Netze seiner Schatzkammer hoch, finden gescheckte, forellengroße Fische, andere auch; mit dem Kescher wirft er die ausgewählten aufs Deck, hält sie mit der Linken fest; mit der Rechten, die ein scharfes Messer umklammert, befördert er sie vom Leben zum Tod. Die Fischlein sind gut für die Pfanne, auch für Sashimi, roh. – Wann er morgen mit seinem Boot hinausfahre? Um halb sechs. Ob wir mitkommen könnten? „Ja, wissen Sie, Ausländer auf dem Meer kotzen so gerne, und ich verstehe kein Deutsch." O. k. Dennoch: Unser Seglerstolz, nicht der deutsche Stolz ist beschädigt.

Der Fischer, ein Mann von 45 Jahren, geschwungene Nase, starke Augenbrauen, fast spöttisches Lachen auf dem Mund, weist uns den Weg zum zweiten Stock – erst die Schuhe ausziehen, dann über eine Stiege, die am Rande des Wohnzimmers nach oben führt. Er legt sich dann wieder auf den Boden, sieht fern; wir steigen hinauf, stoßen uns den Kopf. Sieben große Räume im zweiten Stock, drei davon weisen aufs Meer, japanisch eingerichtet, also Tatamis am Boden, wenig

Möbel; durchs Fenster die Bucht, zugepfropft von einer Insel, links und rechts schmale Durchlässe, weit dahinter Hügel; um die Ecke das Meer, es riecht und rauscht. Das Boot dümpelt vor dem Haus, schlaftrunkene Möwen starten von Tonnen, Fledermäuse sind am Werk, der Vollmond reißt einen goldenen Streifen durch die Bucht, Mücken stechen: Wer jemals ein Buch schreiben will über seine Taten oder Untaten, der sollte sich in diesen kleinen Ort an der Küste Westjapans begeben – er muß ihn nur finden.

Das Essen ist bereitet. Unten im Wohnraum lassen wir uns nieder zum niedrigen Tisch, der überdeckt ist mit Köstlichkeiten. Rohe, silbrige Fisch-Scheibchen, die Tunke will mit Rettich angereichert sein; gebratener Fisch, die Haut knusprig und salzig; riesige Langusten; Pilze; schmackhafte Kartoffeln; Schnecken (die wir nicht mögen); winzige Fischlein, die den Appetit anregen – kurz: alles, was in der Gegend frisch zu haben ist. Wir sitzen im Yukata, ähnlich wie ein Kimono geschnitten, nur aus leichtem Baumwollstoff. Denn natürlich haben wir vor dem Essen gebadet; gereinigt am Körper und – falls nötig – auch am Geist, haben wir eine Weile im Ofuro zugebracht, der Badewanne, die nach Abseifen und Abduschen die Geister des Menschen belebt. Der fürsorgliche Fischer fragte uns, nachdem er die Heizung für das Wasser einige Minuten lang voll aufgedreht hatte, durch die Milchglasscheiben, die Küche und Bad trennt, ob es warm genug sei; ich stand inzwischen auf kühlen Kacheln und ließ kaltes Wasser in die Wanne laufen. Unsere Antwort: „Verhältnismäßig warm" wird quittiert mit längerem Gemurmel (wahrscheinlich: Die Ausländer vertragen doch mehr Hitze, als man ihnen nachsagt) und dem Zudrehen des Heißwasserhahnes.

Dann geht er schlafen. Wir blicken noch hinaus aufs Meer; viel ist nicht mehr zu sehen, ein Leuchtturm, ein Leuchtfeuer auf der Insel, eines dahinter. Zwei Boote kehren zurück in die Bucht. Am Morgen um fünf; tatsächlich: Leben schon auf dem Boot vor dem Haus. Der Fischer zieht am Tau, springt an Bord, verstaut einen Sack, öffnet eine Luke. Zwei Mann tapern von links heran, springen hinüber, der eine landet auf den Schienbeinen, flucht; noch drei kommen – fünf Mann sitzen am Bug des elf Meter langen Bootes, rauchen, reden mit beschlagener Zunge, einer spuckt aus, ein anderer schnippt die Kippe über Bord. Wolken färben sich woolworthrosa. Der Fischer bringt noch dies und das an Bord, dann taucht sein Arm hinunter ins Häuschen, die Lenzpumpen arbeiten eine Weile, schließlich die Maschine anschalten – turuckturuck, den Hebel nach vorne schieben und sich langsam vom Land lösen. Er dreht sich um, sieht uns am Fenster, winkt leicht mit der Hand – wie ein heimlicher Kumpel, und dreht die Maschine auf Tremmputremm. Das Boot schießt zum verblassenden Leuchtturm hinaus, und wir schlafen noch ein wenig.

Nach dem Frühstück – nichts Besonderes, Reis, geräucherten Fisch, ein Süppchen, ein kaltes Spiegelei, eingelegtes scharfes Gemüse – zahlen wir einen lächerlich geringen Preis für Abendessen, Übernachtung und Frühstück, weniger als in Hotelkapseln, danken der Dame des Hauses für ihre Freundlichkeit, ziehen den Choke und genießen auf kleinsten Straßen in Westjapan am Meer die Natur, die zu Gastfreundschaft aufgelegten Menschen.

Den Fuji von fern betrachten

Wer mich je auf dem Gipfel des Fuji erwischt, dem will ich ein halbes Dutzend Flaschen Champagner überlassen. Diesen Berg soll man aus der Ferne betrachten, seine Bewunderung für ihn jedoch nicht durch Berührung mit dem Unrat, den jährlich Hunderttausenden von „Pilgern“ auf ihn abladen, schmälern lassen. Gut, vor einhundert Jahren, als Aluminium-Dosen, Einweg-Flaschen – Sackgassen-Flaschen sollten sie genannt werden –, als Silberpapier und Pappkartons für Zigaretten noch nicht in Mode waren, hätte uns vielleicht ein japanischer Freund während eines sake-seligen Abends überreden können, am nächsten Morgen den anstrengenden Marsch über die Lava-Felder hinauf zur Spitze des großen Berges Japans zu wagen – oder besser am nächsten Abend: nicht nur wegen des Katers, nein; früh morgens sollte man bereits am Gipfel sein, um bei aufgehender Sonne den Schatten zu sehen, der einem angeblich den Atem nimmt, den Schatten, den der Berg auf die im Westen brodelnden Wolken zu werfen pflegt.

Darauf müssen wir nun verzichten, tun das aber leichten Herzens. Auf der Izu-Halbinsel ist uns eine Kurve in einer schmalen Straße bekannt, von der wir den geliebten Fuji-San beobachten. Natürlich schielt er über die Suruga-Bucht zu uns herüber, während amerikanische Jogging-Enthusiasten, deutsche Bierträger und japanische Asketen – mit oder ohne Alpinisten-Ausrüstung – auf seinen ebenmäßigen Flanken entlangtrampeln. Ja, selbst ein Marathonlauf den Fuji rauf wird einmal im Sommer veranstaltet; in einem Städtchen am Fuße des Berges geht es los, mit Polizisten auf Motorrädern, danach durch Gestrüpp. Absteigende bleiben am Pfad offenen Mundes stehen, hinauf bis zum Sen-Gen-Schrein, benannt nach der auf dem Fuji wohnenden Göttin der Blüten – lausig kalt ist es hier selbst im Hochsommer. Dort wird das weiße, umgehängte Tuch – der Stafettenstab sozusagen der Läufergemeinschaft – gestempelt, dann schließlich im Schweinsgalopp, die Unterschenkel recken sich in den schon wegen Nebel und Staub verschwimmenden abschüssigen Horizont, hinunter zum Ausgangspunkt. Wir haben das im gar nicht so fernen Tokio im Fernsehen dank sorgsam aufgestellter Kameras und dank eines tiefliegenden Hubschraubers betrachten können; der Bauch schüttelte sich vor Lachen ob derartiger, die Erhabenheit des Fuji mißachtender Schnelligkeit mancher Athleten mit großem Lungenvolumen. Wenn wir uns recht erinnern, standen fünf oder sechs Japaner glücklich auf dem Siegerpodest.

Zurück zum Fuji; er schielt immer noch herüber zu unserer schmalen Kurve: Wie denn werden wir reagieren auf das Spiel, das er nun treibt? Erst schwebt er blaß-bläulich über den Wolken, die sich weit, weit unten, am Meer, an den Hügelchen in seiner Umgebung angesammelt haben. Dann wagen es doch tatsächlich Zirrhus-Gebilde, hinter ihm die roten Finger der untergehenden Sonne zu vervielfältigen. Schließlich beugt sich auch die Herrscherin über das Leben auf der Erde vor ihm; der inzwischen tiefblaue Fuji-Kegel hebt sich ab vor dem güldenen – ja das ist wohl das rechte Wort, vor dem güldenen Himmel und dem Sonnenball, der links neben dem Fuji die niederen, nachbarlichen Berge aufweicht. Dann ist Ruhe; eine Weile noch kann das Auge den großen Berg gegen den Nachthimmel erkennen, danach müssen wir uns Näherliegendem zuwenden – dem Boot am

Strand, den eigenen Händen, schließlich dem Feuer, über dem – keine drei Schritte vom Meer entfernt, keine siebzig Kilometer vom Fuji – Makrelchen und andere Fischlein vor sich hingrillen.

Doch die Gedanken hängen weiter am Fuji. 3776 Meter hoch ist er; ja, wen interessiert denn das? Besser schon: In einer einzigen Nacht, vor über 2300 Jahren sei er entstanden, und die Erdmasse, die ihn auftürmte, habe in der Nähe von Kyoto ein Loch in die Erde gerissen und den Biwa-See geschaffen. Dann ist da die Aussage von Geologen, die meinen, vor 600 000 Jahren seien in der Region zwei Berge nebeneinander entstanden, und 300 000 Jahre später habe ein vulkanischer Ausbruch diese beiden Berge überschüttet und den Fuji – so wie wir ihn heute in seinem Ebenmaß sehen – entstehen lassen. Amerikanische Piloten, vor einigen Jahrzehnten auf der Suche nach der Hauptstadt, konnten sich an dem meistens über den Wolken thronenden Gipfel des Fuji orientieren, um über Tokio ihre Bomben auszuklinken. Das kommt wohl eher der – traurigen – Wahrheit nahe. Auch die Geschichte, daß das einhundert Kilometer entfernt gelegene Edo – heute Tokio – im Jahre 1707 nach einen Ausbruch des damals noch tätigen Vulkans Fuji mit einer dicken Ascheschicht bedeckt wurde.

Einer der hervorragenden japanischen graphischen Künstler, der europäische Maler beeinflußte, Hokusai, hat sich wie viele vor und nach ihm auch an diesem Berg versucht. Die „Sechsunddreißig Ansichten des Fuji" sind in den zwanziger Jahren des vergangenen Jahrhunderts entstanden. Uns gefällt das Blatt „Südlicher Wind und gutes Wetter", das einen ockerfarbenen Fuji vor weißen Wolken auf blauem Himmel zeigt (grünblaue Bäume langen den vornehmen Hang des Fuji hinauf), nicht sonderlich, auch nicht die „Große Woge an der Küste von Kanagawa"; beide Bilder jedoch haben hauptsächlich zu Hokusais Ruhm im Ausland beigetragen. Wie viel witziger ist doch die aus derselben Serie stammende Abbildung „In den Bergen von Totomi", auf der der Fuji zwischen einem Gerüst zu sehen ist – aufgebaut zum Zersägen eines riesigen Baumstammes, an dem sich Menschlein zu schaffen machen. Aber das muß jeder selbst entscheiden.

Weshalb nun die Ehrerbietung der Japaner für den Fuji? Es ist ja so einfach: Ein derartiger Berg, der gelassen, ungestört von Rivalen in den Himmel steigt, muß verehrt werden. Das haben in prähistorischer japanischer Zeit, vor mindestens eineinhalbtausend Jahren, die wohl ersten Bewohner, die Ainu, begriffen; sie sind wohl auch verantwortlich für den Namen Fuji, der abgeleitet wird von dem Wort „Push" (ausbrechen) der Ainu-Sprache, das wahrscheinlich den nach der Schneeschmelze reißenden Fujikawa, den Fuji-Fluß, benannte; Berge mußten bei ihnen nicht noch mit Namen hervorgehoben werden. Der heute mit – aus dem Chinesischen übernommenden – Zeichen auf Landkarten geschriebene Name des Berges Fuji heißt, übersetzt ins Deutsche: „Reicher Gelehrter" – wie langweilig.

Wer sich vom irdischen Treiben ein wenig lösen will, der sollte eine Weile lang den Fuji-San betrachten. Betrachten, nicht besteigen – sichtet mich jemand auf dem Gipfel des Fuji, soll er oder sie sechs Flaschen Champagner erhalten. Die Wette gilt.

Stadt im Grünen

Welche hochindustrialisierte Millionenstadt kann heute schon ein Gelände vorweisen, in dem das Grün so wild wuchert, wie es der Natur gefällt? Gar nicht weit vom Hauptbahnhof, zehn, elf Stationen mit der U-Bahn bis Higashiyama, „Ost-Berg", zu Fuß noch fünf Minuten, und Unterholz, Dickicht, die schmalen Geröll-Wege auf Hügel hinaus im Heiwa-Koen, dem Friedenspark, geben die schönste Grundlage für Räuber- und Schandudel-Spiele, für Jodeleien, Lagerfeuer oder einfach Atemübungen zwischen Lärchen.

Glücklich die über zwei Millionen Bewohner Nagoyas – nach den Räumen Tokio – Yokohama und Osaka größte Stadt Japans –, da sie nicht nur Heiwa-Koen, der auch einen Friedhof beherbergt, ihr eigen nennen, sondern noch manch andere ausgedehnte Grünfläche, von Parks umgebene Schreine oder etwa das Kastell – vor fast vierhundert Jahren gelegter Grundstein für die heute mit Industrie-Komplexen zur Ise-Bucht und gegen die Berge ausufernde Stadt. Im Jahre 1612, so verrät Ihnen jeder halbwegs zuverlässige Führer, hat der erste Tokugawa-Shogun dort für seinen Sohn eine Wehrburg errichtet, die heute wieder von Abertausenden ehrfürchtigen Touristen betreten wird. Wieder. Denn sie wurde im zweiten Weltkrieg – zusammen mit einem Teil Nagoyas – zerstört, knapp fünfzehn Jahre nach Ende dieses Krieges in Stahlbeton wieder aufgebaut; diese bei der Wahl des Materials unterlaufene Bedauerlichkeit ist glücklicherweise kaum bemerkbar – mit einer Ausnahme: Die Nordost-Ecke der Burg wird geziert von einer mehrstöckigen, in Zacken verlaufenden Beton-Freitreppe, die den Architekten wohl aus Sicherheitsgründen notwendig erschien, die dem stolzen, trutzigen Gebäude einen Teil seiner Leichtigkeit raubt. Drinnen sind Kunstschätze ausgestellt, die zu besitzen einen Liebhaber japanischer Feinheiten verrückt machte. Deshalb schnell hinaus; vier Mädels, um die Sieben mögen sie sein, eilen uns über die breiten Steinstufen – Haklapp-haklapp – nach, rufen „hello"; wir antworten, wie am Telefon „Moshimoshi". Das Gelache, Gekichere, Hand vor dem Mund, will gar kein Ende haben. Der Park ist groß, die Kiesel knirschen unter der Sohle, unten im Burggraben – der muß doch früher voller Wasser gewesen sein? – lecken Hirsche an Pappkartonfetzen.

Ja, ein Drittel der Stadt, so heißt es, ist zerstört worden im letzten großen Krieg. Heute läßt sich leicht sagen, die Stadtväter damals hätten die Trümmer gut genutzt und den Bürgern ein Zentrum verpaßt, das dank der Avenueen und Parks den Kollegen von der vorausschauenden Stadtplanung etwa in Tokio Ohrfeigen hauen müßte. Central Park zum Beispiel: zwei breite Boulevards, zusammengehalten von Ansammlungen fein angelegter Blumenfelder, Wiesen, darauf sich mittags Bankangestellte tummeln; sie legen die blauen Jacken ab, heben das Knie bis zur Brust und werfen ihrem Kollegen über zwanzig Meter hinweg den Baseball zu, den dieser im mitgebrachten professionellen ledernen Handschuh auffängt. Der 160 Meter hohe Nagoyatower überragt das gemächliche Treiben in mildem Herbstwetter. Um die Ecke, im „Coffee Sao Paulo", reden locker und listig junge Leute über Geschäfte; daneben preist eine katholische Organisation im Schaukasten Englischkurse an; ein Foto zeigt ins Denken vertiefte Menschenköpfe in Plastikkästen – wohl das Sprachlabor. Kleinere Straßen – sie sind fast alle im rechten Winkel angelegt, das erleichtert dem Fremden, sich zurechtzufinden: Überall

Händler, da wird im Halbdunkel kleiner Läden verkauft, gerechnet, die ganze Stadt sirrt vor dieser Geschäftigkeit ohne Hast.

Vor der Stadthalle biegen sich zwei Zeltlein im Winde; neben ihnen liegen zwei Männer, eine Frau; ihr wird gerade der Blutdruck gemessen. Niemand nimmt Notiz von diesen Leutchen, die mit einem Hungerstreik gegen den Plan protestieren, im Oktober 1988 die Olympischen Sommerspiele hier abzuhalten. Sie sagen, die meisten Bürger seien gegen eine derartige Veranstaltung; jüngste Umfragen werden zum Beweis angeführt. Dem Bürgermeister Masao Motoyama werfen sie vor, er habe sich mit seinem Einsatz für die Olympischen Spiele über die Bürger hinweggesetzt. Bei seiner Wieder-Wahl hätten 60000 Leute gegen ihn gestimmt, bei einer Wahlbeteiligung von nur 26 Prozent der Berechtigten – worauf Motoyama erwidern kann, alle großen Parteien hätten ihn damals unterstützt. Die Gegner der Olympischen Spiele in Nagoya befürchteten, daß durch die hohen Ausgaben für den Bau eines großen Stadions und von Schnellstraßen ihnen wichtiger erscheinende Projekte wie etwa für Wohnungsbau, Gesundheitswesen oder kleine Sporteinrichtungen vernachlässigt würden. Eines der weniger überzeugenden Argumente dieser verschiedenen Gruppen, die sich in Nagoya gebildet haben, lautete, das Land mit einer nationalistischen Vergangenheit könnte durch die Spiele in Japan eine Beschleunigung der Bewegung nach rechts erleben. Motoyama war optimistisch; er meinte, für die Spiele in seiner Stadt seien etwa eine Milliarde Direkt-Investitionen und fünf Milliarden Mark indirekte Investitionen – wie für Straßen oder U-Bahnen – nötig; er hoffte, daß die Stadt sogar noch einen kleinen Profit durch die Spiele erzielen könnte. Als wir leise bezweifeln, ob solche Hoffnung der olympischen Idee entspreche, lacht er nur einmal laut und kurz.

Olympische Spiele in Nagoya, der Hafenstadt am Pazifik, der Hauptstadt der Präfektur Aichi. Die Händler hätten nichts gegen ein wenig mehr Umsatz gehabt, die herben mediterranen Schönheiten der Stadt würden nicht mehr so interessiert die bisher nicht allzuoft zu sehenden Ausländer mustern. Manche Restaurantbesitzer hätten vielleicht ihre Etablissements für die Dauer der Spiele geschlossen, damit peinliche Situationen – Fremde etwa, die mit Schuhen auf

Reisstrohmatten treten – gar nicht erst entstehen könnten. Und alle Bürger, ob nun für oder gegen die Spiele, hätten trauern müssen: der Friedenspark, in dem das Gezirpe der Grillen, das Singen der Vögel nur hin und wieder vom Tösen der zum nahen Flughafen sinkenden Düsenflugzeuge gestört wird, sollte zum olympischen Park mit großem Stadion umgebaut werden. Vorbei wäre es dann mit der wilden Oase mitten in der Stadt gewesen. Zum Glück für die Stadt Nagoya aber erhielt die südkoreanische Hauptstadt Seoul den Zuschlag.

Bier gegen Sake

Ein Kasten Bier, zwanzig Flaschen à 0,633 Liter, kostet hier in Japan viel Geld – etwa 75 Mark. Bei solchen Preisen mag mancher bierbäuchige Teutone nur noch vor Neid erblassen angesichts der Fähigkeit vieler Japaner, nach zwei, drei Gläsern schon einen kräftigen Rausch ihr eigen nennen zu können. Worauf diese nationale Eigenart, die sich in heftiger Gesichtsrötung ausdrückt, auch in lautstarkem Absingen deutscher Kunstlieder sowie in bambusgleichem Schwanken an Bahnsteig-Kanten, zurückzuführen ist, ist bisher zweifelsfrei nicht erforscht. Ein Wissenschaftler hier meint, der japanischen Leber fehlten zwei Enzyme, die in der „westlichen" Leber dem Alkohol zu Leibe rückten. Wir können das nicht überprüfen. Der Augenschein aber verrät, daß die Städte abends von sanften Betrunkenen in Beschlag genommen werden, während ein Professor sagt, daß die Zahl der Alkoholiker in Japan gering sei.

Bier ist ein junges Getränk für Japan. Ein Brauhaus rühmt sich seiner schon mehr als hundert Jahre alten Geschichte. Herr Seibe Nakagawa hatte sich nach der Öffnung des Landes damals in Deutschland umgesehen, das Brauhandwerk gelernt und in Sapporo, auf der Insel Hokkaido im Norden, den ersten japanischen Gerstensaft auf Porzellanflaschen gezogen. 1876 war das. Das Bier hat sich durchgesetzt gegen den aus Reis gebrauten Sake, das japanische Nationalgetränk. 39,9 Liter „Biiru" trank im statistischen Durchschnitt jeder der knapp 120 Millionen Japaner im Fiskaljahr 1983. Das ist wenig im Vergleich mit den Weltmeistern, den Deutschen, die es auf fast 150 Liter bringen. Aber die haben ja möglicherweise auch die beiden genannten Enzyme auf ihrer Seite. Der Bieranteil am gesamten Alkoholkonsum in Japan – neben Sake, Wein, Whisky und anderen Alkoholika – beträgt über zwei Drittel.

Wie schmeckt das Bier in Japan? Den Apologeten einer auf einem bayrischen Berg beheimateten klösterlichen Brauerei oder eines herben norddeutschen Pils werden die fünf bekannten Marken, die sich im Geschmack nicht erheblich voneinander unterscheiden, allenfalls wie Mittelmaß erscheinen. Das ist es wohl auch, vernünftiges Mittelmaß, das sich erst einmal eine Tradition im Fernen Osten schaffen muß. Das Bier ist leicht – es enthält 4,5 Prozent Alkohol – und ein wenig süßlich. Weizenbiere, unter- oder obergärig, Bergbock, hell oder dunkel, Doppelbock und wie sie sonst noch alle heißen, werden in Japan nicht hergestellt – sehen wir einmal ab von einer „Kuro Biiro", „schwarzes Bier", genannten Flüssigkeit, deren Geschmack allerdings geeignet ist, einen immerdurstigen Biertrinker nach einem Schluck schon in einen reißenden Antialkoholiker zu verwandeln.

Nein, das japanische Bier besteht nicht hauptsächlich aus Reis, dazu ist dieses Grundnahrungsmittel hier viel zu teuer. Es besteht, wie es sich gehört, aus Gerste, die zum Teil eingeführt wird; es besteht aus Hopfen, ein Fünftel davon nur stammt aus Japan selbst; aus Hefe und Wasser, das hier in Tokio zum Beispiel dem öffentlichen Wasserleitungsnetz entnommen wird. Aber japanisches Bier entspricht auch nicht dem deutschen Reinheitsgebot – mit Ausnahme der Marke „Ebisu". Dem Bier dürfen hier fünfzig Prozent „Ersatzmittel" zugegeben werden, Maisstärke oder eben Reis. Normalerweise aber machen diese Ersatzstoffe höchstens ein Fünftel aus. Warum überhaupt solche „Stoffe"? Mit ihnen könne, so sagt ein Brauereifachmann, unterschiedliche Qualität der Gerste ausgeglichen werden, sie seien auch für die Herstellung eines leichteren Bieres hilfreich. Herr Nishihata führt uns durch die Bierfabrik hier im Stadtteil Ebisu, benannt nach einer der sieben Gottheiten des Glücks, bekannter aber eben wegen des Ebisu-Biers. Ob wir uns nicht lieber die Brauerei in Shizuoka ansehen wollten, eine Bahnstunde entfernt, die sei überaus modern? Nein, wir schätzen das Althergebrachte.

Herr Nishihata lächelt. Er zeigt uns das fußballfeldgroße, baumtiefe ehemalige Reservoir, in dem früher Wasser aus dem Tama-Fluß gesammelt wurde – heute ist der Fluß sogar zum Baden zu giftig, das Reservoir ist gefüllt mit leeren roten Bierkästen. Er zeigt uns die Kupferkessel, sie stammen noch aus Deutschland. „Sie sind so schön geformt wie ein Frauenkörper, in den modernen Anlagen gibt es so etwas nicht mehr." Er führt uns in den Magen der Fabrik, wo in fensterlosen, kühlen Räumen die Maische vor sich hinbrubbelt, und in dem Darm, eine ehemalige Fabrikationshalle für Flugzeuge: ist das die Vorhölle?

In der Düsternis stoßen Hunderttausende von Flaschen aneinander, sie werden gewaschen, tapsen über Laufbänder, an denen Mädchen mit Splitterschutzmarken vor den Gesichtern nach Rissen suchen. Sie werden gefüllt, zugekorkt. Ein Teil wird vierzig Minuten lang unter Berieselung von sechzig Grad heißem Wasser pasteurisiert, um die Hefe, die die Haltbarkeit des Bieres beeinträchtigt, zu beseitigen. Schließlich klatschen metallene Automatenarme die Etiketten, versehen mit dem Herstellungstermin, auf die Flaschen.

Und der andere Teil? Aus diesem Bier wird schon vor der Abfüllung in Flaschen oder kleine Aluminiumbehälter in Keramikfiltern, die mit Kieselgur beschichtet sind, die Hefe herausgefiltert. Diese Methode wird in Japan seit einigen Jahren angewandt, der Marktanteil dieses nichtpasteurisierten Bieres beträgt mehr als 30 Prozent. Natürlich wird Bier für Großkunden auch in rostfreie Stahlfässer gefüllt, es enthält weiterhin Hefe. Dies ist deshalb unerheblich, weil die Fässer schneller als Flaschen vom Produzenten zum Kunden gelangen, durch Hefe nach einer Weile bewirkte Veränderungen also gar nicht erst auftreten. Geschmacksunterschiede zwischen diesen drei Arten Bieres sind uns allerdings auch bei penibelstem Hinschmecken nicht aufgefallen.

Nach derart vielen Bier-Worten möchten wir uns im milden, sonnendurchfluteten japanischen Frühwinter in einen Biergarten begeben und den lieben Ebisu einen guten Mann sein lassen. Aber die Umstände, sie sind nicht so: Biergärten sind rar, im Sommer ist es den Japanern im Freien wohl zu heiß, im Herbst stechen die Mücken. Im Frühjahr, zur Kirschblüte, verwandelt sich jedes Plätzchen unter einem solchen Baum zu einem privaten Biergärtelchen, in dem Whisky,

Sake, Wodka, auch Bier gesoffen, nicht getrunken werden. Aber solches Treiben hat mit der in einem bayrischen Biergarten herrschenden Gelassenheit wenig zu tun, ja noch nicht einmal mit der Beherrschtheit, mit der sich in norddeutschen Bierzelten die Schützen nach der Wahl ihres Königs rücklings unter den Holztischen zur Ruhe begeben.

Es braucht seine Zeit, eine Biergarten- oder Bierzeltkultur aufzubauen, um die tausend Jahre. Vielleicht könnte der japanische Staat, der 48,8 Prozent Steuern auf Bier erhebt, hier ein wenig nachhelfen: Biergärtchen mit Pagoden, Wasserfällen, Goldfischen einrichten, in denen Japaner nach Herzenslust jodeln, fingerhakeln, schuhplatteln oder bierernst die Bierpreise diskutieren könnten.

Schwein, Rind und Politik

Auf dem Beton liegt einsam ein Schwein, der Herztod wohl hat es ereilt, zwei Krähen mit scharfen Schnäbeln hocken auf dem warmen Kadaver. Die Gefährten des Schweins drängen sich nebenan im Pferch und schreien. Drüben tätschelt ein Mann den Hals einer Kuh, zieht sie behutsam hinunter in den schmalen Gang, das Tier folgt. Gleich kommen die Männer mit den langen Gummischürzen. Im Bau gegenüber wird versteigert. Helfer schieben das mit blauen Stempeln geadelte Gut, das an Haken aufgehängt über die an der Decke angebrachten Laufschienen rollt, aus dem Kühlhaus heraus vor das Pult des Auktionators. Der schreit. Die Kunden heben Finger, schreiben auf, haken ab. Es ist kalt. Sauberkeit herrscht. Es riecht nach Fäkalien, nach tierischer Angst. Der Geruch bleibt in den Kleidern hängen, steigt – süßlich geworden – in Fahrstühlen hinauf in das Verwaltungsgebäude des Zentralmarktes. Tokio, Abteilung Fleisch. Ein feinnerviger Bürokrat inmitten grobschlächtiger Möbel – er scheint froh, daß wir das Töten nicht besichtigen wollen – nennt uns Zahlen.

1500 Schweine, 450 Rinder werden hier hinter dem Shinagawa-Bahnhof im Süden der japanischen Hauptstadt Tag für Tag an den Menschen gebracht, ein Teil davon wird hier auch geschlachtet, hauptsächlich sind es Rinder; zwei Drittel von ihnen schwarz-bunte Schleswig-Holsteiner, die meisten stammen aus Hokkaido, der nördlichen Insel „meerumschlungen". Zehn solcher von der öffentlichen Hand unterhaltener Fleisch-Umschlagplätze gibt es in Japan, außerdem noch neunzehn große private Fleisch-Großmärkte. Ein Zehntel des im gesamten Land konsumierten Rindfleisches wandert durch diese Anlage hier in Shinagawa, zwölf Millionen der 120 Millionen Japaner leben in der Hauptstadt.

Die meisten Schweine werden vor Ort geschlachtet und an Supermarkt-Ketten oder Fleisch-Fabriken verkauft, nur drei Prozent der nationalen Produktion wandern durch das einstmals rosarot angestrichene Schweine-Schlacht- und Versteigerungshaus hier in Shinagawa.

Japan importiert Fleisch, wenn auch nach der Ansicht mancher Handelspartner, besonders der Amerikaner, nicht genug. Die Regierung setzt Importquoten fest. Etwa ein Viertel des hier konsumierten Fleisches – hauptsächlich Geflügel, Schwein und Rind – stammt aus dem Ausland. Der allergrößte Teil des importierten Rindfleischs wird von der dem Staat unterstellten „Gesellschaft zur Förderung der Viehproduktion" angekauft und dann an den Markt weitergegeben. Der Name „Gesellschaft zum Schutz der international nichtkonkurrenzfähigen japanischen Rinderzüchter" allerdings wäre eher angebracht. Denn diese Institution, die unter anderem für Preisstabilität des Rindfleisches sorgen soll, kann etwa durch „scheibchenweise" Abgabe bei großer Nachfrage das mit 25 Prozent Zoll schon teurer gewordene Import-Fleisch weiter verteuern – und so an das hohe Preis-Niveau des japanischen Fleisches annähern.

Weshalb die japanische Rindfleisch-Industrie nicht konkurrenzfähig ist? Sie hat wenig Erfahrung, da Rinder zu Fleisch-Produzenten in größerem Umfang erst nach dem Krieg wurden, früher waren sie hauptsächlich Arbeitstiere; die Weideflächen sind begrenzt, das Vieh muß mit teurem, teils importiertem Futter großgezogen werden. Der Hang mancher Japaner, für nur schwer erkennbare Qualitäten traditioneller Erzeugnisse Unsummen zu bezahlen, macht auch vor dem Fleisch nicht halt und treibt die Preise hoch: einhundert Gramm eines Rindes aus der Gegend von Kobe, das mit Bier gefüttert und von kundiger Hand massiert wurde, werden in Tokio wegen Geschmack und Prestige für 35 Mark verkauft.

Weshalb die japanischen Rinderzüchter vor Importen geschützt werden müssen? Die regierende konservative Liberaldemokratische Partei hat ihre Stammwählerschaft unter den Bauern, deren Stimmen bei Wahlen bis zu viermal mehr Gewicht besitzen als diejenigen der Städter – eine Wahlrechtsreform ist lange überfällig. Andere Argumente, etwa Sicherung der Unabhängigkeit bei der Versorgung der Bevölkerung mit Grundnahrungsmitteln, sind angesichts der Abhängigkeit des Landes von Importen bei wichtigen Nahrungsmitteln, zu schweigen von Rohstoffen, rein ideologischer Natur. Die Amerikaner, die mehr Rindfleisch nach Japan einführen möchten, sind in einer schwierigen Lage, weil sie ja gerne weiterhin die bekannten und berechenbaren Konservativen in Tokio an der Macht sehen möchten.

Doch es gibt Anlaß zur Hoffnung. Die Japaner nahmen im Jahre 1960 im Schnitt 1,6 Gramm Rindfleisch pro Tag zu sich, über zwei Jahrzehnte später sind es schon mehr als 14 Gramm gewesen. Schwein und Huhn sind allerdings immer noch erheblich billiger und daher häufiger in der Küche der knapp kalkulierenden japanischen Hausfrau zu finden.

Für Ausländer, besonders für die Bayern, gibt es in Tokio jedoch wenig Grund zur Freude: ein Schweinebraten mit knackiger Schwarte wird hier, fern der Heimat, selbst gegen gute Worte weiterhin unerreichbar bleiben. Das hat nichts zu tun mit Handelshemmnissen, vielmehr mit der Auffassung japanischer Metzger, dem Kunden den bestmöglichen Service zu bieten – und dazu gehört das Abtrennen der als überflüssig erachteten Haut vom Fleisch. Früher hat man in West-Japan die Schwarte noch gut geheißen, war doch dort auch das Schwein einmal gleichbedeutend mit „Fleisch“. Doch die Zeiten sind vorüber; selbst Knochen, für eine Brühe, sind – ehe man sich's versieht – zu Dünger und Schmieröl verarbeitet.

Makrelenhecht roh

Blankgehobeltes Holz, Eibe mag es sein; die Finger streichen darüber, Unebenheiten zu erspüren, wie am Rumpf des liebgewonnenen Bootes – Unebenheiten, die den Genuß an der

Regatta schmälern könnten; siegen jedoch ist nicht wichtig.

Ebenholz also, auf das Fisch geklatscht wird, roh, naturbelassen, von keiner Kochkunst getrübt, einzig dem Auge des Einkäufers anvertraut und dem Messer des – ja, Koch können wir ihn nicht nennen –, also des Trancheurs. Thun, thunrot, in Form einer Rose. Mit den Stäbchen ein schimmerndes Scheibchen lösen von den anderen, es in der Tunke – Sojasauce, geriebener Rettich und manch für Europäer namenloses Pflänzchen – wenden, das Kinn über die Schale senken, den Bissen zum Munde führen und dann über die Zunge gleiten lassen.

Wir sitzen im „Edo-Kan“ an der Sashimi-Bar, auf kleinen Hockern. Vor uns das Holz, davor die handspannenhohe Glasvitrine, hinter der Kostbarkeiten warten. An der Wand hängt der Panzer einer Schildkröte, einen Meter lang, Schildpatt. Rechts neben der niedrigen Eingangs-Schiebetür eine Bank, der Andrang ist groß und sieben Gestalten, eine Familie, drängen sich darauf, warten zwanzig Minuten, bis ihnen frei gewordene Plätze zugewiesen werden. In einer Nische Blumen – Ikebana, kunstvoll gesteckt, so künstlich, daß uns erst ein Griff an die grünen Blättlein von ihrer Natürlichkeit überzeugt. Neonlicht. Im Regal stehen Flaschen mit Whisky, von Japanern gebraut, Zahlen sind aufgeklebt, die Stammkunden müssen sie nicht an einem Abend leeren, sie dürfen sich auch nach Wochen noch an diesem der japanischen Speise völlig unangemessenen Getränk laben. Auf der anderen Seite der Bank das rote öffentliche Telefon, zur Zeit wird es gerade von einer etwa fünfzig Jahre alten Dame benutzt: sie wirft zehn Yen in den Schlitz, wählt, mit feinen Fingern präzise auf die Löcher in der Scheibe zielend, eine Nummer und ruft dann viele Male in die Muschel: Watashi des – zu deutsch: Ich bin es. Ja, wer anderes sollte es denn sein? Von den Blicken der Schmausenden scheu gemacht, schiebt sie die Tür auf, zerrt an der Schnur, begibt sich ins Freie, schließt unbekümmert den Schlag, ruft auf der Straße weiter: Watashi des. Die beiden Herren in schwarzen Lederjacken, am Abend Sonnenbrillen auf der Nase tragend, schauen mürrisch über die Schultern, botmäßig eilt die Bedienung hinaus aus dem Edo-Kan, versucht, der Telefonierenden eine genehmere Sprache zu empfehlen. Nichts hilft's. Ein Taxi wird geordert, Madame werden hineingesetzt, der Telefonhörer baumelt an langer Schur über dem Asphalt. „Moshi-moshi“ tönt es da heraus, „Hallo, hallo“, ehe der gnädige Herr Ogawa hier einhängt. Doch dann ist er flugs wieder hinter dem Tresen.

Ogawa, Haare seiner Brust lugen aus dem Kittel heraus, greift mit flinken Fingern in den Reistopf, zupft sich ein Fischleibchen, knetet, knetet, fertig schon wieder ist ein Röllchen, so lang wie ein Daumen, auch so dick, Sushi genannt. Er ist Herr über achtunddreißig Meerestiere, aus denen er gut und gern einhundert Gerichte macht. Makrelenhecht nennt er, auch Heuschreckenkrebs, Bonito, jungen Maifisch, Herz- und Riesenmuschel, von den Algen, die in Messingkästen warten, ganz zu schweigen.

Drei Arten von Messern sind für ihn und seine fünf Kollegen die wichtigsten Werkzeuge, lang und kürzer, in vielfacher Ausfertigung; außerdem Pinzetten, um aus dem rohen Fisch feine Gräten zu ziehen. Dazu das Auge, das morgens auf dem Großmarkt den guten vom mäßigen Fisch sondern muß.

Wir essen, und trinken Sake, im Winter heiß, im Sommer gekühlt, verlangen weiter nach Speise. Ob denn die halbierte Garnele recht sei? Der vordere Teil des noch lebenden Körpers – mit scharfem Messer vom Rest getrennt – schaut zu, wie das dem Menschen bekömmliche Hinterteil im Schlund verschwindet? Nein. Dann vielleicht auf Algen gelegte Fischeier, Kaviar auch? Gut ja. Ein wenig getrockneter Fisch, Katsuabushi, soll darüber geraspelt sein.

Laut geworden ist's im Edo-Kan. Wer fiele nicht auf hier im Stadtteil Ohta-Ku in Tokio, als Weißer? Gauguin steht Pate bei den Fragen: D'où venons nous? Qui sommes nous? Où allons nous? Die Nachbarn fragen nach dem Woher, dem Wohin. Deutscher! So! Und Sie essen Thunfisch roh? Ja. Großartig das, wirklich großartig.

Gezahlt wird an der Kasse neben dem Eingang; heute ist das Verzehrte auf Vordrucken rot umzirkelt; früher, während – von heute betrachtet – besserer Zeiten, klebte der Bedienstete für jede Mahlzeit Reiskörner auf ein Holzbrettchen und brüllte dann dem Kassierer die Menge zu.

Wenn ich den Mund allzu voll habe mit Tinten- oder Thunfisch, wende ich mich ab und treidle nach Roppongi. Dort kenne ich einen Chinesen, der sieht dem japanischen Tenno ähnlich, wie er uns in Europa aus den Schulbüchern bekannt ist auf seinem Schimmel, das Schnauzbärtchen lugt fesch der Niederlage entgegen im zweiten Weltkrieg; die Brille auf der Nase des damals noch jungen Kaisers straft das Großmachtgetue Lügen – er war geboren als Herr der Mikroskope.

Der Tenno ist nun über achtzig Jahre alt und mein Koch fünfunddreißig. Sein Vater stammt aus der chinesischen Provinz Shantung; er selbst spricht und kocht chinesisch, zwölf, vierzehn Gerichte. Klein ist's hier zwischen den Pappwänden, die Küche ist von fünf Tischchen durch eine niedrige Theke getrennt – Vorteil für den Beobachter an der kulinarischen Front; er sieht, ob das Kochöl bei zumindest jeder dritten Mahlzeit erneuert wird. Die Kakerlaken an den Wänden stören uns nicht, solange wir sie nicht stören, auch nicht Rattenschwänze unter Bottichen mit eingelegtem Chinakohl. Nichts stört uns – es sei denn, der Gehilfe möchte beim Gericht aus Hühnerfleisch, Bambussprossen, langgeschnittenen Paprikaschoten an den für uns wichtigen Kashew-Kernen sparen. Aber bisher hat er das zum Glück nicht gewagt.

Edo-Kan im Stadtteil Ohta-Ku: Steigen Sie in Yukigaya-Otsuka aus der Bahn, überqueren Sie die Gleise, nehmen Sie an der Gabel die linke Straße, nach zweihundert Metern stehen Sie vor dem Lokal, zur rechten Hand. Die Adresse unseres Tenno-haften Kochs in einer Nebengasse von Roppongi verraten wir nicht.

IM SCHATTEN DER VERGANGENHEIT

Manches bleibt ungeklärt

Wer will sich heute noch die Geschichte anhören, wie der gewaltige Flottenverband auf für diese rauhe Jahreszeit ungewöhnlicher Route über den 40. Breitengrad nach Osten dampft, auf 158 Grad westlicher Länge nach Süden schwenkt und schließlich die 353 Flugzeuge mit ihren Torpedos, ihren Bomben auf die etwas über einhundert Meilen lange Reise schickt nach Pearl Harbor? Wer will denn noch heute herumblättern in verstaubten Akten, in dechiffrierten geheimen japanischen Funksprüchen – ins Amerikanische übersetzt, in Aufzeichnungen von Kabinettsitzungen in Tokio, in Tagebüchern und Memoiren? Allenfalls einen Grund für derartige Wühlarbeit heute, Jahrzehnte nach dem Angriff des japanischen Militärs auf die „Battleship Row" im Perlen-Hafen der Insel Oahu und auf Flugplätze in der Nähe, möchte man sich vorstellen: Herauszubekommen endlich, ob tatsächlich einige Mitglieder der Regierung Roosevelt von dem bevorstehenden Angriff japanischer Flugzeuge auf den größten Teil der amerikanischen Pazifikflotte wußten.

Leider aber wird solche Forscherei im Akten-Staub steckenbleiben: Hohe Politiker in Washington – so verraten uns die verfügbaren Quellen – hätten von den Angriffsplänen der Japaner gegen amerikanisches Territorium, also auch auf die Inselgruppe Hawaii, durchaus Wind bekommen und also die Schlachtschiffe – benannt nach amerikanischen Staaten wie West-Virginia oder Tennessee – vor dem 7. Dezember (Ortszeit: 8. Dezember in Tokio) hinaus auf den sicheren Ozean beordern können. Ob sie aber tatsächlich Wind bekommen haben, sagen die Aufzeichnungen eben sämtlich nicht. Und solange dies nicht bewiesen ist, ist anzunehmen, der Präsident, sein Außenminister Hull oder andere haben nicht einem unglaublichen Zynismus gefrönt, der an diesem Sonntagmorgen Tausende von Menschenleben dem Tode überantwortet hätte, um das bis dahin eher isolationistisch gesonnene amerikanische Volk für den Eintritt zum Krieg gegen die in Asien um sich schaufelnde japanische Militärmaschinerie zu gewinnen.

Daß es zum Krieg zwischen Japan und den Vereinigten Staaten kommen würde, daran zweifelte damals in den beiden Hauptstädten ohnehin kaum jemand recht. Zwar bemühten sich besorgte Japaner, wie etwa der japanische Botschafter in Washington, Nomura, die einen Krieg vermeiden wollten, um einen Ausgleich mit Washington. Doch Japan – mit Deutschland und Italien seit September 1940 durch einen Pakt verbunden – hatte schon begonnen, die britischen und holländischen Interessen im südostasiatischen Raum zu bedrohen. Mit dem Einrücken japanischer Soldaten nach Indochina wurden die Wirtschaftssanktionen der Vereinigten Staaten gegen Tokio verschärft. Die Regierung in Tokio stand vor dem Dilemma, sich entweder den amerikanischen Bedingungen für eine Aufhebung der Wirtschaftsblockade zu beugen – im wesentlichen Rückzug der japanischen Truppen aus China – oder aber den Krieg auszudehnen, um sich selbst die knapp werdenden Rohstoffe, besonders Öl, zu sichern. Waren sie doch notwendig für die Fortsetzung der Okkupation großer Teile Chinas. Diese wiederum mußte nach der Logik mancher japanischer Militärs aufrechterhalten werden, um schon früher jene für die „große neue Ordnung“ gewonnenen unterworfenen Gebiete und Völker – in Korea und der Mandschurei – gegen Angriffe von außen abzusichern. Krieg also gegen Amerika.

Dennoch mag man in Washington trotz sich verschärfender aggressiver Töne aus Tokio nicht so recht für möglich gehalten haben, daß sich Japan auf eine militärische Auseinandersetzung mit der rohstoffreichen, hochindustrialisierten westlichen Macht leichtfertig einlassen würde – außerdem war damals das Hauptaugenmerk amerikanischer Politiker noch auf den Atlantik, den europäischen Raum gerichtet. An bedrohlichen Signalen aus Ostasien allerdings hat es nie gefehlt. So warnte etwa der amerikanische Botschafter Grew am 3. November – wenige Wochen vor dem Angriff auf Pearl Harbor – Außenminister Hull vor einer „möglichen Fehleinschätzung der Fähigkeit Japans, sich blindlings in einen selbstmörderischen Konflikt mit den Vereinigten Staaten zu begeben". Der gesunde Menschenverstand, so Grew, spreche dagegen, aber die „japanische Vernunft kann nicht an unseren Normen von Logik gemessen werden". Auch in Japan selbst waren die Politiker und Militärs, die den Angriff gegen Amerika vorbereiteten, keineswegs vom letztendlichen Erfolg überzeugt. Nein, Amerika wurde von den Japanern nicht als „Papiertiger" angesehen. Admiral Yamamoto, der den Angriff gegen Pearl Harbor plante, sagte nach der Anfang November schon getroffenen Entscheidung, gegen die Vereinigten Staaten Krieg zu führen, dem Premier Konoye: Wenn es notwendig sei zu kämpfen, dann werde er in den ersten sechs bis zwölf Monaten ununterbrochen Siege erringen. Wenn sich allerdings der Krieg zwei bis drei Jahre hinziehe, dann könne er die Zuversicht für einen endgültigen Sieg Japans schwer noch aufbringen.

Anfangs verlief alles nach japanischem Plan: Zerstörung amerikanischer Kriegsschiffe und Flugzeuge in Hawaii am Morgen des 7. Dezember. Zwei Stunden, fünfzehn Minuten vorher der erste Schuß von japanischen Marine-Einheiten gegen die Malaiische Halbinsel. Am 10. Dezember Versenkung der britischen Kriegsschiffe „Prince of Wales" und „Repulse", einen Tag später erklären Deutschland und Italien den Vereinigten Staaten den Krieg. Besetzung Hongkongs am 25. Dezember, Manilas am 2. Januar 1942, Mitte Februar Singapore, März Rangun, Mai die Philippinen, nicht lange danach war fast ganz Burma unter japanischer Kontrolle. Schlachten – präzise geplant und ausgeführt – wurden gewonnen. Der Krieg aber – von militärischen Rädelsführern eingefädelt, die auch für ihr Land das beanspruchten, was ihnen „moderne" Vorbilder wie etwa Großbritannien vorexerzierten, nämlich die „Nutzung" von Kolonien zum Ruhme des Heimatlandes – wurde verloren. Die Schlacht um die Insel Midway, auch von dem Genius von Pearl Harbor, Yamamoto, geplant, endete im Desaster; vier japanische Flugzeugträger wurden am 5. Juni 1942 von den Amerikanern versenkt – über drei Jahre noch entfernt von den unaussprechlichen Schrecklichkeiten, die verbunden sind und bleiben mit den Namen Hiroshima und Nagasaki.

„Kommißköppe" allein für den pazifischen Krieg zur Verantwortung zu ziehen wäre wohl fahrlässig. Denn selbst der Tenno, der Kaiser, die höchste moralische Autorität im Reiche – wenn auch nicht mit außergewöhnlicher politischer Machtfülle ausgestattet –, nutzte seine Position nicht, um den Überfällen auf die Nachbarländer Einhalt zu gebieten. Das Volk – auf den Inseln mangels Vergleichsmöglichkeiten für recht rassistisch gefärbte, erbarmungslose Indoktrination anfällig und mit Sendungsbewußtsein vollgepumpt, auch wegen wirtschaftlicher Nöte von dem Sehnen nach reicherem „Hinterland“ beseelt – zog mit.

Pearl Harbor heute? Heute finden sich wieder viele amerikanische Kriegsteilnehmer, Mitglieder der „Vereinigung der Überlebenden von Pearl Harbor“, in „Wai Momi“, der Bucht des „Perlenwassers“ auf den Wheeler- und Hickam-Flugplätzen ein, gedenken der Toten, eintausendeinhundertzwei ruhen noch in dem fast vollständig versunkenen Wrack der „Arizona“. Die Amerikaner japanischer Abstammung, die heute auf der Hawaii-Inselgruppe leben – fast ein Viertel der Bevölkerung –, wollen nicht an dieses Ereignis erinnert werden. Die japanisch-sprachige Tageszeitung „Hawaii Hochi“ hat eine Sonderseite anläßlich des 40. Jahrestages des Angriffs auf Pearl Harbor nicht gedruckt.

Warum nicht, das ist schwer zu verstehen. Gut, die Amerikaner internierten nach dem Angriff Japaner, auch japanische Amerikaner in Lager. Aber „Nisei“, von aus Japan stammenden Eltern geborene Amerikaner in der zweiten Generation, kämpften für ihr Heimatland, für die Vereinigten Staaten, unter anderem in Süd-Europa.

Sind die „Nisei“ wirklich so schwer zu verstehen? Damals lauschten manche der älteren „Japaner“ am Radio den in Tokio ausgestrahlten Siegesmeldungen „ihrer“ Marine; sie selbst wurden von Gleichaltrigen als „Japs“ verachtet. Jahrzehnte ist das nun her. Vielleicht lange genug, um nicht mehr durch feierliche Rückblicke auf das Schlachten zwischen zwei Völkern Erinnerungen heraufzubeschwören an Zeiten, als die Integration der „Japs“ in die amerikanische Völkergemeinschaft noch nicht so weit fortgeschritten war wie heute auf Hawaii, zum Teil auch auf dem „Festland“.

Auch in Japan selbst wird nicht mehr viel über den letzten Weltkrieg, über Pearl Harbor gesprochen. Die Schulbücher beschränken sich. Japanische Politiker meiden Pearl Harbor. Und wenn sich heute ein einflußreicher Mann zu dem Überfall äußert, dann konzentriert er sich auf strategische Angelegenheiten. Der ehemalige General Minoru Genda, der den Angriff der Flugzeuge auf Pearl Harbor plante, erläutert, weshalb der Angriff nötig erschien. 1921 war auf der Konferenz zur Beschränkung von Kriegsmarinen beschlossen worden, daß Japans Überwasserflotte nicht größer als sechzig Prozent der amerikanischen oder britischen Marine sein dürfte. Um nun im Pazifik die Überlegenheit der Amerikaner wettzumachen, mußte – so Genda – Japan die Oberhand in der Luft gewinnen. Dieses Konzept wurde jedoch damals von den Militärs nicht akzeptiert. Admiral Yamamoto ersann dann den Plan zum Angriff gegen Pearl Harbor. Durch einen Überraschungsangriff konnte die Stärke der amerikanischen Flotte vermindert, nahezu wettgemacht werden. Die über dreißig japanischen Kriegsschiffe mußten unbemerkt bis in die Nähe Hawaiis gelangen, sich in der Nacht dem Feind nähern, im Morgengrauen die Flugzeuge starten, im Tageslicht Pearl Harbor bombardieren.

Genda zitierte gerne den alten chinesischen Philosophen Sun-Tse: Wenn du deinen Gegner kennst und auch dich selbst, dann brauchst du keine hundert Schlachten zu fürchten. Wenn du dich selbst kennst, aber nicht deinen Gegner, wirst du abwechselnd gewinnen und verlieren. Wenn du aber weder dich noch den Gegner kennst, wird der Krieg verloren sein. Die Politiker damals, so sagte Genda, hätten diesen Grundsatz nicht verstanden. Japan hätte damals nicht einen Krieg gegen die Vereinigten Staaten beginnen sollen, sondern die gegenüber China verfolgte Politik ändern müssen. Aber, so meint Genda, ob nun Pearl Harbor angegriffen worden wäre oder nicht: Es war das Los Japans, besiegt zu werden.

Streit im Norden

Das Verhältnis zwischen Tokio und Moskau ist nicht zum besten bestellt. Ein japanischer Außenminister sagte im Parlament, die Beziehungen zwischen den beiden Nachbarländern befänden sich in einer schwierigen Periode; er erwähnte als Gründe hierfür die Anwesenheit sowjetischer Truppen in Afghanistan und den militärischen Aufbau der Sowjetunion

„auf den nördichen Territorien". Es sei an Moskau, dieses Problem zu beseitigen, damit beide Länder endlich einen Friedensvertrag abschließen könnten.

Die Entschlossenheit der japanischen Regierung, die von Tokio beanspruchten südlichen Kurilen-Inseln von der Sowjetunion zurückzuerhalten, wird deutlich gemacht durch flankierende Maßnahmen: Der 7. Februar, ist zum „Tag der nördlichen Territorien" erklärt worden; die Regierung plant bessere finanzielle Unterstützung der den Inseln gegenüberliegenden Region auf Hokkaido; eine Art Sonderbotschafter für Hokkaido, stationiert in Tokio, soll den Meinungsaustausch mit der Bevölkerung intensivieren. Schließlich werden die Selbstverteidigungskräfte der japanischen Armee auf Hokkaido verstärkt.

Tokio begründet die Notwendigkeit größerer Verteidigungsanstrengungen mit dem Ausbau des sowjetischen Militärs besonders im fernen Osten, auch auf den vier umstrittenen Inseln – Etorofu, Shikotan, Kunashiri und der Habomai-Gruppe. Die Anwesenheit sowjetischer Truppen in Afghanistan, die Einsicht in die Abhängigkeit japanischen Wohlstandes von den zum Teil aus Krisengebieten über lange Seewege herbeizuschaffenden Rohstoffe und wachsende Zweifel an der Fähigkeit der Vereinigten Staaten, Japan wirkungsvoll zur Seite stehen zu können, haben die Regierung in Tokio zu dem Schluß kommen lassen, daß sie nun eine aktivere Außenpolitik betreiben und die militärische Stärke zur Verteidigung des Landes herstellen muß – natürlich immer noch angelehnt an Washington. Eine militärische Großmacht wolle Japan niemals werden.

Diese Beteuerung ist angesichts der traurigen Erfahrungen vieler Nachbarvölker in Ost- und Südostasien mit Japanern während des zweiten Weltkrieges verständlich; andauernde Wiederholung könnte allerdings im Ausland Zweifel an ihrer Seriosität wecken und in Japan selbst eines Tages diejenigen Kräfte stärken, die fragen: Warum soll eigentlich die wirtschaftliche Großmacht Japan nicht auch ein großes Militärpotential besitzen?

Für einen Nachbarn Japans ist allerdings bereits deutlich, was Tokio mit dem „Tag der nördlichen Territorien" und dergleichen bezwecken will: für die Sowjetunion. Ein hier ansässiger sowjetischer Diplomat sagte, Japan wolle eine

Großmacht werden; hierzu gehöre ein starkes Militär; um die dafür erforderliche Stimmung in der Bevölkerung zu erzeugen, sei ein Territorial-Problem hilfreich. Die japanische Regierung habe eine Wendung ihrer Politik gegenüber den südlichen Kurilen vollzogen, da sie sich mit dem Tag der nördlichen Territorien nun ganz offen an der Kampagne gegen die Sowjetunion beteilige; dies, obwohl Tokio wissen, daß es keine Hoffnung gebe, das „sogenannte Territorial-Problem" zu lösen.

Einem im dialektischen Materialismus gründlich geschulten Diplomaten mögen die Beweggründe Tokios leicht durchschaubar zu sein; andere Menschen tun sich dabei schwerer. Eines aber ist sicher: Japan fühlt sich bei seinem Anspruch auf die vier Inseln im Recht. Am 7. Februar 1855, auf dies Datum bezieht sich der Tag der nördlichen Territorien, unterzeichneten das zaristische Rußland und Japan den Vertrag von Shimoda, in dem zum ersten Mal die Grenze auf den Kurilen, für die sich beide Länder interessierten, festgelegt wurde: Zwischen den Inseln Etorofu und Uruppu; die Insel Sachalin wurde als gemeinsames Eigentum der beiden Länder bezeichnet. 1875 wurde in Petersburg vertraglich festgelegt, daß Japan alle Kurilen bis Shimushu im Norden erhielt, seine Interessen in Sachalin dafür abtrat. Nach dem russisch-japanischen Krieg 1905 eignete sich Japan Süd-Sachalin an, festgehalten im Vertrag von Portsmouth.

Die gesamte Kurilen waren also bis 1945 Bestandteil Japans – und zwar aufgrund von Verträgen, die nicht nach kriegerischen Auseinandersetzungen zustande gekommen waren; außerdem waren die südlichen Kurilen nie von einer anderen Macht als Japan regiert worden. Diese beiden Feststellungen sind wesentlich angesichts der Abmachungen von Kairo und Teheran im Jahre 1943, bei denen Roosevelt wohl von der falschen Annahme ausging, Japan habe sich die Kurilen nach dem russisch-japanischen Krieg angeeignet. Stalin hat dies bei den Absprachen in Jalta auszunutzen verstanden und dann, nach der Kriegserklärung gegen Japan am 8. August 1945, durch zügige Besetzung der Kurilen für vollendete Tatsachen gesorgt: Zwei Tage, nachdem Japan vor General MacArthur kapituliert hatte, besetzten sowjetische Truppen die kleine Habomai-Inselgruppe nahe Hokkaido.

Die Sowjetunion hatte nicht nur eine strategisch und wirtschaftlich äußerst wichtige Inselgruppe erobert, sondern nach Stalins Ansicht auch noch die Schande der Niederlage von 1905 beseitigt. – Im Friedensvertrag von San Franzisko, den Moskau nicht unterzeichnete, verzichtete Japan auf alle Rechte an den Kurilen – zu wessen Gunsten, wird nicht ausgeführt. Nach damals vertretener japanischer Auffassung allerdings gehörten Shikotan und Habomai zu Hokkaido und waren damit japanisch.

Ohne nun auf die Entwicklung in den vergangenen drei Jahrzehnten im Detail einzugehen, können wir doch feststellen, daß – trotz Wiederaufnahme diplomatischer Beziehungen zwischen Tokio und Moskau 1956, bei der die Sowjetunion feststellte, sie werde Shikotan und Habomai nach Abschluß eines Friedensvertrages an Tokio zurückgeben – sich die Haltung beider Seiten im Streit um die Inseln verhärtete. Es ist unwahrscheinlich, daß Moskau seine Position – angesichts immer noch enger Bindungen Tokios an Washington und der Möglichkeit intensiver Kooperation zwischen China und Japan nach Abschluß des Friedensvertrages im August 1978 – in naher Zukunft ändern wird, zu groß ist im Kreml die Sorge vor einer Umzingelung.

Moskau hat auf unterer Ebene jedoch ein wenig Erfolg gehabt, japanische Staatsbürger für sich einzunehmen: Auf Hokkaido ansässige Fischer haben mit der Sowjetunion einen Modus vivendi gefunden, der ihnen die Erlaubnis für Fangzüge innerhalb der von Moskau im März 1977 verkündeten 200-Meilen-Zone einbrachte. Die Sowjetunion hat damit Antagonismen zwischen derart begünstigten Fischern und ihren Kollegen geschaffen, die die Bereitschaft, sich für eine Rückkehr der vier Inseln unter japanische Hoheit einzusetzen, bei den direkt Betroffenen schwächten.

Auch solche Tendenzen könnten von den anfangs genannten Maßnahmen ausgetrocknet werden, durch den Tag der nördlichen Territorien, die Verstärkung des Militärs auf Hokkaido oder die Warnungen vor dem militärischen Aufbau der Sowjetunion auf den Hokkaido vorgelagerten Inseln – angeblich befinden sich auf Etorofu und Kunashiri inzwischen etwa 10000 sowjetische Soldaten. Ob Tokio die militärischen Fähigkeiten Moskaus in Nordostasien überschätzt und damit unter der Bevölkerung Angst vor einer sowjetischen Invasion in Hokkaido hervorruft, soll hier nicht untersucht werden.

Festzustellen bleibt, daß die japanische Regierung im Umgang mit Moskau einen unjapanisch anmutenden, fast aggressiven Ton anschlägt.

Der leidige Artikel neun

Gern diskutieren die Japaner über die Veränderung ihrer Verfassung, besonders über den leidigen Artikel neun. Wer nicht genau hinhört, hört schnell wieder weg; denn allzuoft wurde mit großer Spitzfindigkeit über interpretationswürdige Formulierungen nachgedacht, und immer war doch klar: dem, der da so laut nachdachte, fehlten schließlich doch die zwei Drittel im Parlament, die für eine Verfassungsänderung nötig sind, und ihm fehlte die Zustimmung der Bevölkerung. Doch dies mag anders werden. Rufe nach Verfassungsänderung ziehen nicht mehr eine Schar von Kritikern auf denjenigen, der derart Unerhörtes zu fordern wagt, die ihn, gehörte er einem Ministerium an, auch zu Fall brächte. Sicher werden weiterhin Minister von der Opposition wegen der Forderung nach einem stärkeren Militär – gegründet auf eindeutiger Verfassungsgrundlage – angegriffen. Aber ein Konsens in der japanischen Bevölkerung über diese Frage scheint ganz allmählich zustande zu kommen, der sich auf das Gebaren der Parteien überträgt. Denn japanische Politik wird wesentlich bestimmt von dem Streben nach Harmonie zwischen Regierenden und Regierten, auch zwischen Mächtigen und ihrer Opposition. Und alle schwimmen auf dem anschwellenden Strom konservativer Gesinnung, ob sie nun heftig dagegen anpaddeln oder selbstbewußt flußabwärts treiben. Vereinigt sind sie alle, von den konservativen Liberaldemokraten zu den Kommunisten, in einem Bemühen: nach der wirtschaftlichen Emanzipation von manch größerem Bruder sich nun vollkommen von dem Hauch amerikanischer Bevormundung zu befreien.

Worum geht es? Artikel neun der japanischen Verfassung lautet: „Das japanische Volk wünscht aufrichtig einen internationalen Frieden, bei dem Gerechtigkeit und Ordnung die Grundlage bilden, und verzichtet auf ewig auf Krieg als Mittel der Staatsgewalt und auf Drohung mit Waffengewalt und auf Verwendung von Waffengewalt als Mittel zur Beilegung von internationalen Auseinandersetzungen. Um den Zweck des obigen Abschnitts zu erreichen, werden keine Land-, See- und Luftstreitkräfte oder sonstiges Kriegspotential unterhalten. Das Recht auf Kriegsführung durch den Staat wird nicht anerkannt."

Es bedarf keines großen Expertentums, um festzustellen: Japan darf nach dem Buchstaben seiner Verfassung keine Soldaten haben – wäre da nicht der erste Halbsatz im zweiten Absatz „um den Zweck des obigen Abschnitts zu erreichen", den ein vorausschauender Japaner in den von den amerikanischen Siegern 1946 wesentlich mitbestimmten Verfassungsentwurf einfügte. Dadurch werden beide Abschnitte verbunden, und mit ein wenig Überzeugungsgabe läßt sich der erste Abschnitt als Verzicht auf einen Angriffskrieg erläutern, nicht jedoch als Verzicht auf das Recht zur Verteidigung des Landes gegen eine Aggression von außen.

Fünf Jahre nach der Kapitulation Japans, drei Jahre nach Verkündigung der „Friedensverfassung" begann das Land wieder mit dem Aufbau einer Armee – auf Betreiben der Besatzungsmacht, die zu neuen Schlüssen über die Rolle Japans als „Bastion" gegen den Kommunismus in der West-Pazifik-Strategie der Vereinigten Staaten gelangt war. Zwei Wochen nach Beginn des Korea-Krieges forderte General McArthur den japanischen Premierminister Yoshida zum Aufbau einer „nationalen Polizei-Reserve" auf – Keimzelle der heute Selbstverteidigungskräfte genannten japanischen Armee, die nun etwas mehr als eine viertel Million Mann unter Waffen hat.

Vorüber ist die Zeit, als uniformierten Japanern noch „amerikanische Söldner" nachgerufen wurde, als Soldaten wie Aussätzige behandelt wurden. Besonders durch den Einsatz in Katastrophenfällen ist das Ansehen des Militärs in der japanischen Bevölkerung gestiegen – wie auch die Zahl derjenigen Japaner allmählich wächst, die größere Verteidigungsanstrengungen befürworteten. Der Aufbau von Heer, Luftwaffe und Marine geht seit geraumer Zeit stetig voran.

Dennoch scheint es einigen Kreisen in japanischer Politik und Wirtschaft ratsam, die Diskussion über Artikel neun und über eine weitere Aufrüstung aus verschiedenen Gründen weiterzuführen. Zum einen können sie auf die außenpolitischen Umstände verweisen, die eine stärkere Militärmacht erfordern: Zweifel an der Bereitschaft der Vereinigten Staaten, Japan im Falle eines ernsten Konfliktes voll zur Seite zu stehen, existieren seit einigen Jahren. Viele Japaner sind, besonders seit dem Einmarsch sowjetischer Soldaten in Afghanistan, überzeugt, daß sie sich selbst stärker für den Ernstfall wappnen sollten, als hauptsächlich auf einen treuen Bündnispartner zu bauen, dem dann möglicherweise im entscheidenden Augenblick die Hände gebunden sind. Und fordert nicht Washington immer wieder von Tokio größere Verteidigungsanstrengungen?

Zweitens: Japan ist in hohem Maße abhängig von Rohstoffen, die über lange Wege ins Land geschafft werden müssen. Ob sich mit einer noch so großen Flotte tatsächlich derart ausgedehnte Schiffahrtsrouten gegen feindliche Angriffe verteidigen lassen, steht dahin. Für einen Japaner, der stolz ist auf die Wirtschaftsmacht, die sein Land als eine der wenigen großen Industrienationen auf der Welt ausweist, der vielleicht nicht ohne gewisse Genugtuung an das Jahr 1905 denkt, in dem eine beharrlich aufgebaute, mit modernster Technik, versehene Flotte, die Kriegsschiffe des Zaren zermalmte, – einen solchen Japaner mag es nachdenklich stimmen, daß das Land – verglichen mit einer ökonomischen Potenz – in militärischer Hinsicht weit zurückhängt. Da erübrigt sich für ihn auch die wahrlich haarspalterische Diskussion um das bisher heilige Prinzip japanischer Militärplanung, keine Angriffswaffen besitzen zu wollen. Denn Torpedoboote, Lafetten oder Aufklärungsflugzeuge lassen sich nicht als rein defensive oder offensive Waffen charakterisieren, es kommt auf den Willen der sie einsetzenden Generale oder Minister an.

Drittens ist den exportorientierten Präsidenten japanischer Industrie-Imperien nicht entgangen, daß sich mit dem Verkauf von Waffen gute Geschäfte machen ließen – wenn da nicht noch erhebliche politische Beschränkungen bestünden, wegen manch anti-japanischer Ressentiments in einigen asiatischen Ländern. Und warum, so werden diese Manager fragen, soll Japan nicht auch bei Herstellung und Verkauf von Militärmaterial auf der Welt irgendwann einmal eine solche Stellung übernehmen wie heute schon bei den Kameras, bei der Unterhaltungselektronik, bei Automobilen und bei Computern?

Die Verbindungen zwischen Mitsubishi-Schwerindustrie, dem größten Auftragsempfänger des Verteidigungsministeriums, und dem Ministerium sind nicht nur eng wegen der intensiven Kontakte vor Vertragsabschlüssen; vielmehr übernehmen auch viele Offiziere nach dem Ausscheiden aus der Armee Posten in der Privatindustrie – Grundlage für eine noch erquicklichere Zusammenarbeit.

Wie heißt die banale Weisheit? Zeit heilt Wunden. Frühere Alliierte sind zu Gegnern geworden, Feinde zu Freunden. Japan, die große Industrienation, rüstet behutsam auf, ermuntert von seinen Freunden. Die wirtschaftliche Basis ist vorhanden. Die Bereitschaft der Bevölkerung hierfür wird in einem Prozeß voller Windungen allmählich hergestellt – auf ruhige, zielstrebige japanische Art, der nichts mehr widerstrebt, als einen Krach durchzustehen –, es sei denn, man ist bestens auf ihn vorbereitet. Wie lange es dauern mag, ehe dieser Zusammenhalt in der Bevölkerung aufgebaut ist? Vieleicht ein Jahrzehnt oder mehr, in dem der Artikel neun obsolet geworden sein mag und irgendwo auf der Welt wieder aus Freunden Gegner geworden sein mögen.

Zahltag in Okinawa

Die Straße ist gesäumt von Palmen, an der Hauswand steht „Club Venus, Moonlight Show, Banana and Mask“, der Putz blättert, „Hotel Second floor“, Schlepper packen einen am Ärmel: „Cheap, Sir, cheap“, Musikfetzen schlagen aus der „Ladykiller“-Disco, ein Schwarzer, in eine knöchellange rote Tunika gekleidet, wippt am Bordstein, ein Pappschild sagt „Note to all Customers, we only allow couples in this Disco, thank you“, im Kino an der Ecke läuft „Escape to Victory“ mit Max von Sydow; zwei junge Männer mit millimeterlangen blonden Haaren stehen unschlüssig vor einem verrammelten Etablissement, „Christ loves You“ heißt es im Schaufenster. Aus den dunklen Türöffnungen stolpern baumlange weiße und schwarze Athleten, gegenüber werden Kartoffelchips verkauft. Sechs japanische Polizisten machen die Runde, Hartholzknüppel und Pistolen am Koppel, Taschenlampe in der

Hand, ein Weißer im Freizeithemd schlendert vorbei, wird angehalten, Ausweis zeigen, mit ausgestreckten Armen an die Mauer lehnen, ein Polizist tastet ihn ab, leuchtet über die Tätowierungen, inspiziert die Venen. „Something wrong?“ fragt der Untersuchte, ein Japaner in Zivil hält die Szene mit Blitzlichtfotoapparat fest, nein, okay, kannst weiter, bedeutet der dritte Polizeibeamte.

Zahltag in Okinawa. Zweiunddreißigtausend amerikanische Soldaten leben auf der Insel, einige mit Familien, zwei Drittel davon sind „Marines“. Insgesamt sind auf japanischem Boden dreiundvierzigtausend amerikanische Soldaten stationiert. Okinawa, knapp tausend Meilen von Tokio entfernt, etwa sechstausend von San Franzisko, ist Hauptstütze für die strategische Planung der Militärs der Vereinigten Staaten im westlichen Pazifik. Okinawa, die kleinste der siebenundvierzig japanischen Präfekturen, stellt elf Prozent ihrer Landfläche von 2248 Quadratkilometer amerikanischen Militärbasen zur Verfügung. Dies soll so bleiben; heute, mehr als zehn Jahre nach der Rückführung Okinawas in japanische Oberhoheit, denkt man in Camp Butler an eine Ausweitung der amerikanischen Präsenz hier: in den nächsten zehn Jahren sollen zum Beispiel bei den „Marines“ nicht nur achthundertsiebzig Soldaten – wie heute – von ihren Familien begleitet werden, sondern etwa fünftausend; für drei Jahre ist ihr Aufenthalt hier geplant. Camp Butler ist die Bezeichnung für die in verschiedenen Camps auf Okinawa stationierte dritte amphibische Einheit der Marines. Aber auch die amerikanische Luftwaffe hat hier einen wichtigen Stützpunkt, „Kadena Air Base“ mit der 313. Division, die zu der nahe bei Tokio stationierten fünften Luftflotte gehört. Auf zwei Landebahnen werden im Monat durchschnittlich sechstausend Starts und Landungen exerziert, mit F-15-Jägern, RF-4C-Phantom, Aufklärungs- und Überwachungsflugzeugen, U-Boot-Jägern und anderen Fluggeräten. Außerdem hat die Luftwaffe ihr größtes Munitionsdepot auf Okinawa. Die „Navy“ und die amerikanische Armee haben auf der Insel kleinere Kontingente stationiert.

Verwunderlich ist es nicht, daß diese amerikanische Präsenz das Leben auf dieser etwa hundert Kilometer langen Insel im Taifun-Gürtel des nordwestlichen Pazifik erheblich beeinflußt; zu ihr gehören etwas mehr als sechzig Inseln südlich des

27. nördlichen Breitengrades. Der Krieg und die lange Nachkriegszeit haben den Menschen hier, zum zweiten Mal in ihrer Geschichte, eine Lebensart beschert, gegen die sie sich nicht wehren konnten.

Im 14. Jahrhundert war das Königreich „Liu-Tschiu" gegründet worden; Seeleute schafften aus Südostasien und dem indischen Raum Luxusgüter nach Ostasien, verkauften sie dem chinesischen Kaiserreich, auch nach Korea und Japan. Okinawa zollte dem chinesischen Kaiserhof in Nanking – die Ming-Dynastie war nach dem Zusammenbruch der Mongolen-Herrschaft über China gerade gegründet worden – Tribut, erkannte also die Oberherrschaft des Reichs der Mitte an, übernahm und adaptierte eine Vielzahl chinesischer Bräuche und Verwaltungstechniken; die „Tribute" allerdings dienten den Handelsleuten Okinawas hauptsächlich dazu, ihren äußerst lukrativen Warenaustausch mit dem mächtigen Nachbarn auszuweiten.

1606 brachte Noguni Sokan die Süßkartoffel aus der chinesischen Küstenprovinz Fukien nach Okinawa, wenig später Zuckerrohr; die Süßkartoffel konnte überall auf der Insel angebaut werden, sie brauchte weder intensive Pflege noch ausgeklügelte Bewässerung. Sie war ein gutes Nahrungsmittel für Mensch und Tier; die Wirtschaft Okinawas war nun nicht mehr hauptsächlich auf Überseehandel angewiesen.

Zur selben Zeit, Anfang des 17. Jahrhunderts, drangen mit moderner Militärtechnik ausgerüstete Europäer in den westlichen pazifischen Raum: Portugiesen, Spanier, Holländer, Engländer. Die Japaner fürchteten um ihre eigene Sicherheit. Ein Vorposten im Süden, auf Okinawa, war für sie von strategischer Bedeutung; außerdem bot sich die Aussicht, daß Japan – war Okinawa erst unterworfen – auch von den engen Wirtschaftsbeziehungen zwischen Okinawa und China profitieren könnte. Am 5. Februar 1609 eroberten Truppen des Satsuma-Clans aus Kyushu, der südlichsten der vier japanischen Hauptinseln, das Shuri-Schloß in der Nähe der Hauptstadt Okinawas, Naha. Die „Krieger" dieser dem Handel zugeneigten Insel konnten den japanischen Eindringlingen kaum Widerstand bieten. Von nun an war Okinawa de facto unter japanischer Oberherrschaft. Es mußte auch diesem großen Nachbarn Tribut zahlen, einen Tribut allerdings, der mit dem eher zeremoniellen, für Okinawa durchaus profitablen Tribut gegenüber China wenig gemein hatte: Die Japaner wollten Geld sehen, nach Okinawa entsandte Beamte und Agenten verstanden, diesem Begehren Nachdruck zu verleihen. Und die Satsuma-Herren sicherten sich das Monopol über den Außenhandel Okinawas. So war das Volk auf Okinawa unter den Einfluß des großen Nachbarn im Norden geraten, mit dem es zwar verwandt ist, dessen Lebensart ihm jedoch fremd war.

Okinawa wurde später auch de jure unter japanische Oberhoheit gestellt, als sich in Tokio im letzten Drittel des 19. Jahrhunderts die Einsicht durchsetzte, Japan müsse sich – auch angesichts bedrohlich erscheinender technischer Überlegenheiten europäischer und amerikanischer Nationen – der Außenwelt wieder öffnen. Damit wurde Okinawa für die Herrscher auf den vier „Festland-Inseln“ noch interessanter. Im Juni 1853 war der amerikanische Commodore Perry mit der „Mississippi“ in der Bucht von Naha aufgetaucht, hatte ein begehrliches Auge auf die von ihm als strategisch wichtig erkannte Insel Okinawa geworfen. Japan sah die Gefahr und entsandte eine Militärexpedition nach Naha. Der naive Einwand der unbewaffneten Leute auf Okinawa, eine solche japanische Militärpräsenz werde das Interesse möglicher Feinde Japans auf das Eiland lenken, fruchtete nichts: Tokio schaffte das Königtum in Okinawa ab. Von 1879 an war Okinawa eine Präfektur des Kaiserreiches Japan – ohne davon einen Vorteil zu haben.

Bis in die dreißiger Jahre dieses Jahrhunderts zum Beispiel war das Durchschnittseinkommen auf Okinawa weniger als die Hälfte desjenigen auf dem japanischen „Festland“; Okinawa war die einzige Präfektur ohne Oberschule. Eine Universität wurde erst 1950 von den Amerikanern gegründet. Die Bewohner Okinawas wurden von der Regierung in Tokio, besonders in den dreißiger Jahren, wie ein kolonisiertes Volk behandelt.

Die von manchem Japaner als „Bauerntölpel“ betrachteten, friedfertigen Menschen von Okinawa mußten zum Ende des zweiten Weltkrieges mit einem ungeheuren Blutzoll für den Größenwahn einiger japanischer Militärs zahlen, die sich gerne Ost- und Südostasien untertan gemacht hätten. Am 1. April 1945 landeten amerikanische Soldaten auf Okinawa, nachdem Schiffsartillerie und Flugzeuge mit ihren Granaten und Bomben die japanischen Verteidiger „weichgeschossen“ und die Topographie der Insel verändert hatten. Die schwerste Schlacht im pazifischen Krieg begann. 82 Tage später war die Insel in amerikanischer Hand. 12000 amerikanische Soldaten, über 90000 japanische hatten ihr Leben verloren, außerdem mehr als 62000 Zivilisten auf Okinawa, die zwischen die ungewünschten japanischen Verteidiger und die amerikanischen Angreifer geraten waren.

Okinawa wurde amerikanisch. Im Friedensvertrag zwischen Japan und den Vereinigten Staaten, 1952 ratifiziert, wurde in Artikel drei festgehalten: Die Ryukyu- und andere Inseln sollten unter Treuhänderschaft der Vereinten Nationen gestellt werden, mit den Vereinigten Staaten als einziger Verwaltungsautorität. Bis zu diesem Zeitpunkt würde Washington alle Rechte der Verwaltung, Gesetzgebung und Rechtsprechung ausüben. Doch hat die amerikanische Regierung nie in den Vereinten Nationen einen derartigen Vorschlag eingebracht – wohl wissend, daß eine solche Treuhänderschaft den anderen im Sicherheitsrat vertretenen Mächten Mitspracherechte verschafft hätte. Der Koreakrieg im Jahre 1950 lehrte die Amerikaner aufs neue, daß Okinawa von großer strategischer Bedeutung war. Amerikanisches Militär sollte dort stationiert bleiben, wenn auch nicht ad infinitum.

In Japan dagegen forderte man die Rückgabe der Inseln. Die Vereinigten Staaten, die sich als Führerin der demokratischen Welt sahen, konnten es sich auf Dauer nicht leisten, eine „Kolonie“ in Asien zu besitzen. Auch auf Okinawa regte sich erster Widerstand gegen die Anwesenheit der Amerikaner. Die Bevölkerung dort war in der Vergangenheit hauptsächlich nach China, der „Mutter“ ausgerichtet, um „Aufklärung“ zu finden und durch Handel den eigenen Wohlstand zu sichern. Sie hatte sich außerdem noch mit dem „Vater“, den harschen Japanern, arrangieren müssen. 1945 änderte sich für Okinawa die Wahrnehmung solcher Elternschaft. Nun wurde Japan von manchem auf Okinawa – die Jahrzehnte unter direkter japanischer Herrschaft und schließlich der Krieg hatten die Eigenart der Kultur Okinawas zerstört – als das Mutterland betrachtet und Amerika in der Rolle eines Stiefvaters. Die Anwesenheit amerikanischer Soldaten auf ihrem Inselboden brachte ihnen auch ein wenig Wohlstand, mehr, als das noch kriegszerstörte „Festland“ damals bieten konnte.

Diese zwiespältige Haltung kam noch im Jahre 1970 deutlich zum Ausdruck. Als die Rückführung Okinawas in japanische Oberhoheit für das Jahr 1972 schon beschlossen war, verlangten einige Gruppen auf Okinawa den Abzug aller Amerikaner, die Auflösung der Stützpunkte und den Verzicht auf Stationierung japanischer „Selbstverteidigungskräfte“. Darin spiegeln sich Erinnerungen an das historische Erlebnis, als kleines Volk zwei Herren dienen zu müssen und deshalb danach zu trachten, beide loszuwerden.

Der Vietnamkrieg verstärkte den Mißmut über die Anwesenheit amerikanischer Soldaten auf Okinawa; denn von Kadena Air Base flogen B-52-Bomber direkt nach Vietnam. Der japanischen Regierung, die sich den drei „nichtnuklearen Prinzipien“ verschrieben hatte (kein Besitz, keine Herstellung und keine Lagerung nuklearer Waffen), konnte die wahrscheinliche Stationierung ebensolcher Waffen auf Okinawa nicht gelegen sein.

Inzwischen ist Okinawa wieder japanisches Territorium. Was hat sich geändert? Zahlungsmittel ist nicht mehr der Dollar, sondern der Yen; einige Jahre nach der Rückgabe wurde der Autoverkehr von rechts, wie in den Vereinigten Staaten üblich, auf den japanischen Linksverkehr umgestellt; Telefongespräche nach Tokio sind nicht mehr so teuer wie früher. Die Amerikaner übergaben einen Teil der Stützpunkte an Japan. Wichtiger jedoch als diese Äußerlichkeiten waren die Anstrengungen der japanischen Regierung, die Insel wirtschaftlich zu fördern, mit mäßigem Erfolg: die Arbeitslosigkeit ist doppelt so hoch wie auf dem „Festland“, das Durchschnittseinkommen beträgt nur etwa zwei Drittel von dem der anderen Präfekturen. Die Regierung in Tokio hat eine „Okinawa-Entwicklungsagentur“ eingerichtet – ein Zehnjahresplan trat 1972 in Kraft. Breitere Straßen wurden gebaut. Wohnungs- und Schulbau wurden vorangetrieben, die medizinische Versorgung verbessert.

Doch die Hoffnungen der japanischen Regierung, daß sich auf Okinawa Industrie ansiedele, haben sich nicht erfüllt. Das größte Hindernis sind die Schwierigkeiten der Wasserversorgung. Wasser ist rationiert, möglicherweise kann – durch den Bau zweier Stauseen – bald eine ausreichende Menge gesichert werden; Elektrizität ist knapp, die Kraftwerke werden mit Öl betrieben, Atomkraftwerke sind auf der verhältnismäßig kleinen Insel nicht wirtschaftlich, auch ist ein Großteil der Bevölkerung gegen Atomkraft eingestellt; die Löhne sind hoch – kein Anreiz für die Industrie der „Festland-Inseln", auf Okinawa zu investieren. Okinawa lebt hauptsächlich vom Tourismus und von den Einkünften, die mit der Anwesenheit des Militärs zusammenhängen.

Aufs neue haben sich die Bewohner Okinawas mit zwei größeren Mächten arrangiert. Sie fühlen sich schon mehr als Japaner, zumindest als entfernte Verwandte. Sie essen schärfer als jene, auch mehr Schweinefleisch, vertragen mehr Alkohol. Schulabgänger, die in Osaka oder Yokohama Arbeit suchen, kehren meist nach einigen Jahren zurück – zu oft begegnen sie Vorurteilen, werden als „barfüßige Süßkartoffelfresser" verspottet. Die Zeit des zweiten Weltkrieges, in dem fast jede Familie auf Okinawa unfreiwillige Opfer für die Verteidigung des japanischen Festlandes zu bringen hatte, ist nicht vergessen, auch nicht der „Verrat" Tokios, weil es über ein Vierteljahrhundert lang amerikanische Herrschaft auf Okinawa ertragen habe.

Auch das Verhältnis zu den Amerikanern, die schließlich mit ihren Kanonen und Flammenwerfern die großen Verluste unter der Zivilbevölkerung mitverursacht hatten, ist gespalten. Große antiamerikanische Demonstrationen wie vor 1972 finden hier kaum mehr statt. Wenn gegen die Anwesenheit amerikanischer Soldaten demonstriert wird, dann meistens, um höhere Pachtgebühr für den den Amerikanern überlassenen Boden zu erzielen. Die Disziplin der amerikanischen Soldaten ist im allgemeinen gut, das Drogenproblem gering; dies hängt mit der rigorosen Überwachung durch die japanische Polizei und ihrer engen Zusammenarbeit mit den amerikanischen Militärbehörden zusammen. Drogendelikte werden ausschließlich von japanischen Behörden geahndet, der Besitz einer kleinen Menge Marihuana kann bis zu fünf Jahren Gefängnis bei harter Arbeit (täglich acht Stunden) einbringen. Das amerikanische Militär ist immer noch ein wichtiger Arbeitgeber auf Okinawa, wenn auch die Zahl der auf den Stützpunkten beschäftigten Japanern von zwanzigtausend vor der Rückgabe auf heute etwa achttausend Menschen zurückgegangen ist. Die amerikanische Regierung zahlt viele Millionen Dollar Sold für die auf Okinawa stationierten Soldaten. Ein Teil wird außerhalb der „Bases" ausgegeben.

Ein etwa fünfundfünfzig Jahre alter Mann sagt uns: „Ja, gut ist es schon, daß wir jetzt Japaner sind; aber wenn wir hier wieder amerikanisch wären, wäre es auch nicht schlecht."

Veteranen von Iwojima

Wieder kamen Japaner und Amerikaner auf der kleinen Insel Iwojima im Pazifik, 1300 Kilometer südlich von Tokio, zusammen. Sie gedachten der vielen Soldaten, die vor Jahrzehnten auf dem Eiland ihr Leben ließen – kurz vor dem Ende des Pazifischen Krieges, in den Japan durch den Überfall auf Pearl Harbor die Vereinigten Staaten gezogen hatte. Der Krieg wurde von den Amerikanern gewonnen, die Besatzungsmacht brachte der japanischen Bevölkerung damals eine aufgeklärte demokratische Verfassung, und sie beließ ihr den Tenno, der dann zwar nicht mehr oberster Gralshüter, immerhin aber noch Symbol für die Einheit des japanischen Volkes war.

Bei der Schlacht um Iwojima, die „Schwefel-Insel", starben im Frühjahr 1945 etwa zwanzigtausend Japaner und über siebentausend Amerikaner innerhalb von vier Wochen. Die Insel war wichtig für Amerika, konnten doch von dem Landestreifen dort die B-29-Bomber besser als von den Marianen die japanischen Städte erreichen; sie legten dort vieles in Schutt und Asche, bevor – durch die Atombombenabwürfe auf Hiroshima und Nagasaki – die japanische Regierung niedergezwungen wurde zur Kapitulation am 15. August 1945.

Was sich die Veteranen, heute sechzig bis achtzig Jahre alt, erzählt haben – wir wissen es nicht im einzelnen, wir können es uns aber vorstellen. Sie werden gesprochen haben von Menschen, die von Minen zerfetzt, von Flammenwerfern verbrannt wurden; von Bulldozern, die die Eingänge zu den vielen Höhlen, in denen sich die Japaner versteckten, einfach zuschütteten. Sie werden gefragt haben nach den Eigentümern von Tagebüchern oder anderen Kriegs-„Andenken", die die Zeit überdauert haben. Eine japanische Fahne, damals „erobert", wurde zurückgegeben. Die Amerikaner mögen betroffen gewesen sein, weil in vielen Fällen die sterblichen

Überreste der einstigen Feinde immer noch nicht gefunden worden sind, Familienangehörige also weiter nach Knochen suchen; denn sie müssen in einem angemessenen Ritual bestattet werden, sonst findet der Tote nach dem nicht nur in Japan beheimateten Glauben keine Ruhe.

Solche Gespräche und gemeinsame Ausflüge auf die Felder des Todes versöhnen – nicht nur auf Iwojima, auch in Pearl Harbor und auf den vielen anderen „Schlacht"-Feldern des Pazifischen Krieges. Hier wird die Vergangenheit bewältigt von den betroffenen Personen, über Schuld wird da nicht geredet zwischen Japanern und Amerikanern. Oder über Sühne. Erstaunlicherweise werden über solche moralischen Fragen in Japan überhaupt selten Worte verloren. Ja, man mag sich in Japan sogar wundern über die in der Bundesrepublik entstandene Diskussion um die Veranstaltungen zum 40. Jahrestag der Niederlage im zweiten Weltkrieg. Der einfachste Grund: Warum ist die Zahl vierzig bedeutsam? Wichtiger: Die Niederlage damals bedeutete doch auch das Ende der Nazi-Diktatur, sie leitete den Neubeginn für ein stabiles Staatsgebilde ein, das seinen Bürgern große Freiheiten brachte; sie konnten sich mit den Nachbarn schon vor langer Zeit aussöhnen, selbst mit Juden ist ein vorsichtiger Dialog möglich – auch dank der Jugend, die zwar von der Schuld vieler Deutscher weiß, sich aber nicht in eine nachträgliche Kollektivschuld zwingen läßt.

Schließlich – dies mag manche Deutsche erstaunen, und dies fördert kaum die Versöhnung mit den vielen Nationen, die in Ost- und Südostasien unter japanischer Militärherrschaft zu leiden hatten – haben sich die Japaner nie viel um ihre Verantwortung für den Pazifischen Krieg geschert. Der Krieg, wie verheerend er damals auch das Schicksal der japanischen Bevölkerung selbst bestimmte, wird eher als Naturphänomen betrachtet. Der Krieg wurde verloren, also versuchte man das „Beste" daraus zu machen, sich nämlich als Opfer darzustellen: waren nicht die ersten und einzigen Atombomben auf japanische Städte gefallen? Da werden Hiroshima und Auschwitz in einem Atemzug genannt, kamen doch hier wie dort Menschen unter Qualen zu Tode. Viele Deutsche verstehen, weshalb die Mordstätte Auschwitz entstehen konnte, viele Japaner aber begreifen nicht, warum es überhaupt zur Zerstörung Hiroshimas kommen konnte.

Auch in Japan wird offiziell der Niederlage von 1945 gedacht. Mitte August findet in Tokio jedes Jahr eine Feier statt, bei der das Andenken an die Kriegstoten bewahrt wird – an die eigenen. Die vielen Kriegsopfer in China, Korea, auf den Philippinen und in den anderen südostasiatischen Ländern, die damals von japanischen Soldaten überrannt wurden, mögen am Rande erwähnt werden. Aber japanisches Selbstmitleid läßt wenig Raum für das Mitleiden mit anderen.

Was ist zu lernen aus den in Japan und in Deutschland so unterschiedlichen Arten bei der Besinnung auf die Niederlagen in ihren Angriffskriegen? Beide sind nicht geeignet, die Vergangenheit zu „bewältigen“: Die Deutschen sind nach über einer Generation noch nicht in der Lage, selbstbewußter sich der schrecklichen Vergangenheit zu erinnern. Die Japaner haben es bislang nicht verstanden, ihre eigenen Opfer in einen Zusammenhang zu bringen mit den Leiden, die sie über andere Völker brachten. Ursache hierfür ist nicht nur ein verschiedener nationaler „Charakter“, sondern auch die Haltung der ehemaligen Feinde, die heute zum Teil Verbündete sind. Die Moral, wenn sie denn aus einer so vielschichtigen Frage in einem Satz zusammengefaßt werden kann, lautet: Dem Beispiel der Veteranen von Iwojima ist zu folgen.

Der Krieg als Taifun

Selbstmitleid zählt nicht zu den vornehmsten Tugenden der Menschheit. In Japan ist ein Film in die Kinos geraten, der im Selbstmitleid schwelgt und ein großer finanzieller Erfolg für die Toei-Film-Gesellschaft zu werden verspricht. Das Werk „Dai Nippon Teikoku“ – zu deutsch: Das großjapanische Kaiserreich – des Regisseurs Toshio Masuda, besetzt mit hervorragenden Schauspielern, zeigt drei Stunden lang japanische Generäle, Politiker, den Tenno und die Zivilbevölkerung während der letzten Jahre des pazifischen Krieges. Authentisches Filmmaterial wird eingewoben in die Geschichte dreier junger Japaner, die in den Krieg ziehen, ihrer Frauen oder Geliebten, denen ein Weiterleben wichtiger ist als das Festhalten an der Pflicht bis in den Tod. Außerdem wird die Karriere des einstigen Premierministers Tojo dargestellt, der die Entscheidung für den Überfall auf die amerikanische Pazifikflotte im Winter 1941 in Pearl Harbour mitgetragen hatte und der 1948 als Kriegsverbrecher hingerichtet wurde. Über die restlichen Meter Zelluloid wurde großzügig Blut vergossen, das etwa einem von amerikanischen Soldaten exekutierten Japaner aus Mund und Nase gegen den über den Kopf gebundenen Leinensack schießt oder Japaner nach feindlichen Flammenwerferangriffen auf den verbrannten Fleischfetzen verkrustet.

Die brutalen Aufnahmen vom Sterben – vervollständigt durch eine ausgefeilte akustische Untermalung – könnten den Eindruck erwecken, hier solle der Kinogänger über das Grauen des Mordens belehrt werden. „Dai Nippon Teikoku“ ist jedoch kein Anti-Kriegsfilm, dafür fehlen die Erläuterungen, weshalb denn nun eigentlich die drei recht differenziert gezeichneten japanischen Helden in den Krieg müssen. Schon zu Beginn des Films wird der Eindruck erweckt, als ob die Vereinigten Staaten dem nach friedlichen Beziehungen zu Washington suchenden japanischen Kaiserreich gar keine andere Wahl ließen, als Pearl Harbour anzugreifen. Tojo weint deshalb sogar still vor sich hin. Die Invasion japanischer Soldaten nach China, die dort von ihnen begangenen Greuel, die schon lange vorher vollzogene Unterjochung der koreanischen Bevölkerung – derartige Themen, die zumindest ebenso charakteristisch sind für das „Großjapanische Kaiserreich“ wie die Agonie der letzten Jahre, wird von Regisseur Masuda nicht erwähnt.

Statt dessen sehen wir Kamikaze-Piloten, die sich sinnlosen Durchhalteparolen widersetzen, junge japanische Offiziere, die die japanische Zivilbevölkerung gegenüber stupiden Kollegen zu schützen suchen, ja derartige Gefühle sogar für Filipinos aufbringen wollen, was jedoch nicht funktioniert. Sie werden abgeschossen, da sie dem Feind Positionen verraten könnten. Der militärische Nutzgedanke siegt über jedes menschliche Gefühl.

Vom Feind, der doch in einem solchen Film viel zu suchen hätte, sehen wir wenig; wenn er schon einmal kurz auftaucht, dann als hinterhältiger Angelsachse oder als kaugummikauender „Ami“, der selbst auf dem Schlachtfeld seiner „Ami-Musik“ frönt. Ein Beispiel: Ein japanischer Offizier ringt sich auf Saipan nach langer blutiger Diskussion dazu durch, zu den amerikanischen Gegnern zu gehen, um sich zu ergeben, damit will er viele Zivilisten retten. Er stolpert heroisch hinunter zum Strand, wo er die Amerikaner vermutet, und tatsächlich trifft er auf einen Mann und eine Frau. Sie tanzen nach einer aus dem am Meer aufgestellten Lautsprecher dringenden Musik in ausgelassener Verklammerung, entkleiden sich, springen ins Wasser und küssen sich. Den Japaner, der gerade die Bürde auf sich genommen hatte, sich zu ergeben, packt im Anblick eines auf dem Sand liegenden Schädels der Zorn, er schleppt sich zum „Ami-Jeep", in dem er ein geladenes Gewehr vorfindet, zielt zitternd auf die im Wasser sich nackt umarmenden „Amis", trifft sie beide mit einer Kugel, wankt zurück und gräbt mit bloßen Händen im Sand ein Loch, um den Schädel zu begraben. Währenddessen schleicht sich die mit festen Brüsten und einem am Oberkörper sichtbaren Einschuß versehene nackte Amerikanerin zu einer Pistole und erschießt den Japaner, der gerade den Schädel in die Höhe hebt, von hinten. Der Schädel kullert, der Japaner fällt, der Amerikaner treibt in der Dünung.

Dies ist die schwächste Szene des Films. Sie ist so schlecht, daß sie den ganzen Film stigmatisiert. Und doch zieht „Dai Nippon Teikoku" die Japaner ins Kino. Der Film drückt eine Stimmung aus, die den Älteren hier kurz nach dem Krieg erlaubte, eine große Enttäuschung ihres Lebens zu überwinden: der Glaube an den Tenno, den Gottkaiser, in den dreißiger Jahren durch politisch ambitionierte Spezialisten für rassistische Propaganda und geheimdienstliche Einschüchterungsmethoden forciert, implodierte mit den Atombombenabwürfen auf Hiroshima und Nagasaki. Doch Wundersames ging vor sich: die Sieger, die Amerikaner, erwiesen sich nicht nur nicht als Bestien, die Männer mordeten und Frauen bajonettierten, nein, sie stuften selbst den Gottkaiser, den Tenno, in seiner konstitutionellen Bedeutung nur ein wenig hinunter. Wenn denn der Tenno, in dessen Namen schließlich die Unterwerfung, Unterdrückung der Völker in Korea, der Mandschurei, anderen Teilen Chinas, in Hongkong, Singapore, auf den Philippinen geschah, letztendlich von den Siegern geschont wurde, dann konnte nicht nur er verantwortlich sein für den für Japan unglücklichen Ausgang der Schlachten.

Der pazifische Krieg war vielen Japanern einem Taifun vergleichbar, der Unheil anrichtet, für das ein Mensch keine

Schuld trägt. Der Taifun geht vorüber, der Zweite Weltkrieg ist beendet, die Trümmer wurden aufgehoben, neue, moderne Häuser und Fabriken gebaut. So fand in Japan nach dem letzten großen Krieg eine Besinnung auf die eigenen Untaten nicht statt, wurde auch die Unterweisung der Jugend in den Schulen über die Fehler der Väter vernachlässigt. Es wurde nicht versucht, die Vergangenheit, wie etwa in der Bundesrepublik, zu „bewältigen", sie wurde selektiv vergessen. Der eigenen Opfer erinnerte man sich zwar noch, man sucht auch Jahrzehnte nach Kriegsende noch nach den Gebeinen japanischer Soldaten, die im pazifischen Raum gefallen waren, aber die Massaker japanischer Soldaten an Chinesen in Nanking, Experimente japanischer Mediziner an lebenden Kriegsgefangenen in Nordchina, der Umgang mit den kolonialisierten Koreanern, solche Themen wurden bis vor kurzem nicht behandelt, und wenn doch, dann nur von Personen, die immerzu an etwas herumnörgeln und möglicherweise sogar „linken" Ideen nachhängen oder als „Nestbeschmutzer" gelten.

Und doch werden sich japanische Politiker nun – viele Jahre nach dem Krieg – wieder etwas intensiver mit der Schuld ihrer Vorgänger auseinandersetzen, nicht unbedingt aus eigenem Antriebe und auch nicht unbedingt wegen der auch längst im eigenen Lande hörbaren Stimmen. Druck aus dem Ausland, Empörung über den Film „Dai Nippon Teikoku" – in China geäußert –, über Beschönigungen japanischer Angriffe in Schulbüchern – in ganz Ostasien geäußert –, zwingt die Regierung zu reagieren. Denn solcher Unmut könnte die Beziehungen zwischen Japan und seinen Nachbarn erheblich belasten. Und dies ist wohl manchem Politiker oder Industrievertreter, dem Harmonie als heiligstes Mittel zur Erlangung des eigenen Vorteils gilt, sehr zuwider. Durch öffentliche Diskussion mag der Sinn der Japaner, besonders der jungen Generation, für die im Namen des Kaisers an anderen Völkern begangenen Untaten geschärft werden. Es befremdet allerdings, daß der Einseitigkeit des Filmes „Das großjapanische Kaiserreich" in Japan selbst nicht heftige Kritik widerfährt, sondern man sich vornehmlich im Ausland darüber entrüstet.

GROSSE LEUTE

Der Ringer „Morgenflut“

Sumo spaltet Ausländer in zwei Lager: Die einen reden von menschlichen Fleisch- und Fettbergen und wenden sich mit erhobener Braue ab; die anderen fachsimpeln über „tsuki, yori, oshi“ und fühlen sich seliggrinsend dazugehörig. Nur wenige sind Genießer.

Genießen wir. Im Osten Tokios, im Stadtteil Kuramae, steht der Kokugikan, die nationale Sporthalle. Bevor wir sie betreten, schreiten wir durch eine Passage, links und rechts kleine Lädchen, Teehäuser geheißen: eines preßt sich ans andere, drei Meter breit, doch hier sitzen die wahren Herren über den Sumo, Verkäufer, die über einige oder mehrere Sitzflächen drinnen in der Halle gebieten – die besten nahe dem Ort des Geschehens. Ziemlich schwer zu erhaschen ist solch ein Platz – mit Bestechung schon gar nicht, höchstens durch gute Beziehungen zu nadelgestreiften Herren in Regierung oder großen Konzernen. Für mehr als einhundert Mark allerdings erhält man dann nicht nur guten Blick auf den Wettkampf, die Bediensteten tragen auch Sake oder Bier vorbei.

Die Halle ist bis zu den obersten Rängen gefüllt, elftausend Menschen essen, trinken, rufen die Namen ihrer Lieblinge oder halten den Atem an. Die Lieblinge, mit klingendem „Noms de Guerre“ ausgestattet, kämpfen auf einer sechzig Zentimeter hohen Plattform, etwa fünf Meter im Quadrat, aus massivem, kühlem Ton aufgebaut. In die Oberfläche ist ein 4,50 Meter messender Ring aus mit Erde gefüllten Reisstrohballen eingelegt. In diesem Ring, dem Dohyo, werden Popularität, Achtung und finanzielles Wohlergehen der Sumo-Kämpfer entschieden.

Asashio tritt an gegen Chiyonofuji – zu deutsch: „Morgenflut“ gegen „Ewigen Fuji“. Asashio ist ein Koloß: 182 Zentimeter groß, er wiegt 181 Kilogramm; sein gewaltiger Bauch machte einem Ochsenfrosch Ehre. Doch Fett allein macht sein Gewicht nicht aus, vielmehr auch Muskeln, Muskeln. Sein Gegner Chiyonofuji wiegt 118 Kilo, Größe: 1,83 Meter. Er ist 26 Jahre alt, ein Jahr älter als sein Gegner. Sie nennen ihn den „Wolf", wegen seiner strengen Augen. Die Sumo-Kämpfer sind nackt, bis auf ein aus feiner Seide gewobenes schweres Lendentuch.

Der Ansager, in einen dunklen Seidenkimono gekleidet, geht in die Mitte des Rings, entfaltet seinen weißen Fächer und ruft mit hoher Stimme die beiden Athleten auf, sich zum Kampf vorzubereiten. Chiyonofuji und Asashio steigen mit der Grazie, die derart gewichtigen Männern vorbehalten ist, die Stufen hinauf. Sie spülen sich den Mund mit Wasser aus – gereicht in kleinen Bambusbechern, wie auch üblich vor dem Besuch eines Shinto-Schreins. Sie klatschen in die Hände, um die Aufmerksamkeit der Gottheiten auf den Menschen zu lenken, der an Körper und Geist gereinigt ist. Sie heben die Arme, um dem Gegner zu zeigen, daß sie – der Samurai-Tradition verbunden – versteckte Waffen nicht mit sich führen. Beide heben die Beine, lassen die Füße im Ring niederklatschen, um den Gegner zu beeindrucken, aber auch um die Muskeln zu entspannen. Beide greifen sich eine faustvoll Salz, das in geflochtenen Körben bereit steht, werfen dies mit männlicher Geste in den Ring – Salz, in der Shinto-Religion ein reinigendes Element. Schließlich, nach einigen Minuten derartiger Prozeduren, krachen die Gegner aufeinander. Die Regel ist einfach: Wer innerhalb des Ringes den Boden – außer mit den Füßen – als erster berührt, oder wer ihn überhaupt außerhalb des Ringes berührt, hat verloren.

Asashio muß die Wucht seines Körpers einsetzen, um den Gegner niederzubrechen, er kann sich nicht zur Seite neigen wie ein Bambus im Wind, um Chiyo vorbeidonnern zu lassen. Dieser wiederum wäre zu solch geschmeidiger Taktik in der Lage, aber sein Kampfeswillen, seine Sumo-Ehre verbieten ihm eine solche, ein wenig nach Feigheit riechende Technik. Also sehen wir nacheinander die drei wesentlichen Arten des Kampfes im Sumo: „Tsuki": die Kämpfer schlagen oder stoßen mit offener Hand das Gegenüber – Asashio, eingedenk seiner Leibesfülle und seiner Muskeln, sucht hierin sein Heil. „Yori": zugreifen, also den Gegner am Lendentuch packen –

Chiyonofujis Spezialität. „Oshi“: schieben; es gibt etwa sechzig gebräuchliche Techniken, die aus diesen dreien abgeleitet werden können. Aber welcher Enthusiast – ob im Ring oder außerhalb – wollte sich in der Hitze des Gefechts damit theoretisch auseinandersetzen, mit Ausnahme natürlich der selig grinsenden ausländischen Experten?

Chiyonofuji springt los, packt Asashio mit der Linken innen im Gürtel, umklammert mit der Rechten dessen linken Arm, läßt sich zurückdrängen zur Begrenzung des Rings, weicht aus und hebelt Asashio mit der Rechten aus der Arena, wird aber von Asashios festem Griff noch mit in die Tiefe gezogen. Blitzlichter. Der Schiedsrichter – ein schmächtiges, flinkes Männlein, auch gekleidet in einen Seidenkimono, auf dem Kopf ein den Shinto-Priestern nachempfundenes Käpplein – hüpft nebenher. Nachdem die beiden Kämpfer die Erde im Kokugikan haben beben lassen, reißt er seinen hölzernen Fächer in Richtung Osten, also dahin, woher Chiyonofuji den Ring betrat. Vier schwarz gekleidete Richter, an jeder Seite der Plattform sitzend, erheben sich, betreten den Ring, beraten. Der Oberrichter hat einen Knopf im Ohr – Zeichen einer sonst im Sumo nicht sonderlich gefragten Modernität: über Funk kann er sich im Zweifelsfall von unparteiischen Zuschauern, die sich am Bildschirm in Zeitlupe den Ablauf des letzten Kampfes noch einmal ansehen, mitteilen lassen, wer zuerst den Boden berührt hat. Er gibt die Entscheidung bekannt: Chiyonofuji gewinnt.

15 Tage dauert das Turnier, dreimal im Jahr findet es in Tokio statt. Hin und wieder verstärkt der Tenno, der Kaiser, durch seine Anwesenheit das ohnehin schon würdevolle Schauspiel. Ihm ist eine Loge hoch oben in der Halle reserviert. Drei weitere Turniere werden im Jahr abgehalten, jeweils einmal in Osaka, Nagoya, Fukoka.

Wie man zum Sumo-Ruhm gelangt? Nach der „unteren Mittelschule“, mit etwa 15 Jahren, kann man in eine „Sumo-Schule“ eintreten – dreißig davon gibt es, fast ausschließlich in Tokio. Man muß mindestens 1,73 Meter groß sein und mehr als 75 Kilo wiegen. Das Leben dort ist asketisch. Morgens um fünf muß man aufstehen. Übungen sollen den schläfrigen Körper aufwecken. Gegen acht erscheinen die bekannteren Mitglieder der Schule – alle wohnen unter einem Dach. Sie üben sich in gegenseitigem Kampf, stählen sich auch mit

Hanteln oder an dem glatten Baumstamm in der Ecke, den sie mit den Handflächen kräftig bearbeiten, auch mit der Stirn. Es geht weiter mit Übungen, die die „Grenzen des Körpers und den Geist des Ringers“ ausloten wollen: Ein Jüngling springt den erfahrenen Sumo-Kämpfer an, zehn-, zwölfmal, landet immer wieder im Staub, wird aufmunternd getreten, auch mit Bratpfannen-Händen freundschaftlich gegen den Nacken geschlagen. Frühstück gab es nicht, ein voller Magen würde beim Training belasten. Die jungen Sumo-Aspiranten bereiten nach den Übungen ein Mittagsmahl: Chanko-Nabe, in einem großen Topf über einer Gasflamme zubereitet; Fleisch, Malz, Kohl, Zwiebeln, Spinat, Sojabohnen-Quark, Zucker, Fleischbrühe und Sojasauce, dazu Reis und große Mengen Bier. Die jüngsten Ringer warten mit überaus knurrendem Magen, bis alle anderen – nach Rang – ihr Essen eingenommen haben und sich dann in ihren Räumen schlafen legen.

Die jungen Ringer sind verpflichtet, am Unterricht in der von der japanischen Sumo-Vereinigung geleiteten Schule teilzunehmen. Neben Ringertechniken lernen sie dort etwas über die Geschichte des Sports, über Physiologie, sie üben Schönschreiben und lernen klassische Gedichte. Die fortgeschrittenen Kämpfer schlafen derweil durch den Nachmittag, abends folgen sie vielleicht der Einladung eines ihrer Bewunderer oder üben in ihrem Raum ein Liedchen zur Gitarrenbegleitung. Es ist hart, in eine derartige Hierarchie einzudringen, härter, hierin zu bestehen. Die meisten versagen, bevor sie nach mehreren, von strenger Disziplin und harter Arbeit geprägten Jahren in eine der oberen „Divisionen“ aufsteigen. Doch was lockt heute einen Jüngling noch, die Sumo-Laufbahn einzuschlagen? Früher, nach dem Krieg, war es häufig wohl die Aussicht auf freies Essen und freies Wohnen. Heute sind es Streben nach Ruhm, nach Geld.

Ruhm: Seit einigen Jahren ist das Interesse in Japan an diesem nationalen Sport stark gewachsen. Gründe hierfür sind nicht leicht auszumachen. Einmal sind es die einfachen Regeln, die dem Sport ein großes fachkundiges Publikum sichern, wichtiger jedoch: Sumo ist ein ganz und gar japanischer Sport mit einer in die prähistorische Zeit zurückreichenden Geschichte, ein Sport, der – wie wir schon bemerken konnten – eng mit der japanischen Religion des Shintoismus verwoben ist. Und Sumo ist spannend. Es beschwört für die Japaner die Zeit der Samurai herauf, als Krieger sich mit Schwertern oder eben mit den bloßen Händen bekämpften, noch nicht mit Feuerwaffen, die einen engen Kontakt mit dem Gegner, dem Feind nicht mehr erlauben.

Geld: Obwohl die wenigsten Sumo-Aspiranten in ihrer Laufbahn einen Rang erreichen, der ihnen ein festes Einkommen sichert, sind die Beträge, die ein „Yokzuna“, der höchste Sumo-Rang, verdienen kann, nicht zu verachten. Derzeit bezieht er 710 000 Yen im Monat, über 7000 Mark Gehalt, von der Sumo-Vereinigung. Hinzu kommen erhebliche Vergütungen, Preise, Einnahmen aus Werbung, Geschenke betuchter Gönner. Die Summe bemißt sich nach dem Rang des Ringers, der Rang basiert allein auf seinem Können.

Symbol des Staates

Der Tenno ist nicht zum Anfassen da. Er wohnt im Zentrum Tokios hinter dicken, hohen Mauern, in seinem Palast, geschützt noch von breiten Wassergräben; Marathonläufer brauchen sicherlich zwanzig Minuten, um das Grundstück in der japanischen Hauptstadt zu umrunden. Doch vor wem wird er geschützt in seinem feudalen Verlies? In Europa mag eine große Zahl von Journalisten den vermeintlichen Sensationen der Frühstücksgespräche des Adels nachstellen, nicht so in Japan. Schon von außen hält die alte Shogunburg das Volk auf Distanz. Nach innen bestätigt sich dieser Eindruck nur: Wir schreiten – nach freundlicher, aber effizienter Kontrolle durch die dem Palast zugeordneten Polizisten – durch die Parks, eine Allee mit Kirschbäumen, rechts ein Weiher mit Schilf, daneben ein langes flaches Holzhaus im japanischen Stil, links ein Abhang, der sanft zum Bach abfällt, ein Wasserfällchen rauscht. Den Großstadtlärm haben wir abgelegt, wir hören nur noch das Tropfen des Vormittagregens von den durchnäßten Kirschblüten. Allmählich breitet sich im Innern die Angst aus, gefangen zu sein: Hinter den Kirschblüten, über dem Wasser schimmern die nassen Steinquader, übereinandergelegt zu abweisenden hohen Mauern, hinter dem Teich, überall; eingebettet in eine der größten Städte der Welt ein gepflegtes Gefängnis.

Hier wohnt der Tenno mit seiner Frau, einigen Bediensteten. Wir haben ihn bei einem Sumo-Turnier gesehen, in seiner Loge, weit und hoch über dem Kampfgeschehen der dicken Ringer, obwohl er kurzsichtig ist. Der Tenno empfängt auch Staatsgäste, unterzeichnet Dokumente, er vollzieht Riten in wichtigen Shinto-Schreinen; er eröffnet Parlamentssitzungen, zeigt sich zu Neujahr und zu seinem Geburtstag – hinter Glas – dem Volk, er pflanzt rituell Reis; er beugt sich über Mikroskope, seinem Ruf als Biologe treu. Was er aber sonst tut, welche Vorlieben er hat, wissen wir nicht. Und die Leute fragen nicht danach.

Viele – vor allem junge – Japaner aber fragen: Wie groß empfindet der Tenno die Verantwortung für jenen Krieg, den die Japaner seit Beginn der dreißiger Jahre auf das asiatische Festland, später auf Inseln im Pazifik getragen haben? Nach der damals gültigen Verfassung war er – nominell – die höchste politische Autorität im Staat, der „kaiserliche Wille" sollte vom Parlament in die Tat umgesetzt werden. Gewiß wurde er als „Besitz" der jeweils einflußreichen Gruppen der Gesellschaft in Anspruch genommen; den Tenno als „heilige" Institution hat man wohl nie nach seiner eigenen Meinung zu profanen politischen Themen befragen können. Und viele fragen weiter: Warum hat der Kaiser sich nicht ein Bild von der gefährlichen Außenpolitik einiger Militärs gemacht – weshalb nicht seine Autorität benutzt, um dem Treiben seiner Soldaten im Ausland ein Ende zu setzen? Vor kurzem hat der Tenno in einem der seltenen Gespräche mit japanischen Journalisten eine Antwort gegeben: Er habe im Dezember 1941 den Ausbruch des Pazifik-Krieges wegen Achtung des japanischen parlamentarischen Systems nicht verhindern können; gesetzmäßige Politik hätte geschützt werden müssen. Daher habe er die Entscheidung des Parlaments respektiert.

Die Landsleute rechnen dem Tenno hoch an, daß er angesichts der unabwendbaren Niederlage Japans zu Ende des Zweiten Weltkriegs für eine rasche Beendigung des Grauens gesorgt habe. Er habe verhindert, daß auf japanischem Boden Mann-gegen-Mann-Kämpfe stattgefunden hätten. Aber, so fragen sich manche: Hätte der Tenno nicht als oberste Autorität nach der alten Verfassung die Verantwortung für die Niederlage übernehmen müssen?

Nun, nach der mit amerikanischer Unterstützung formulierten Nachkriegsverfassung ist der Tenno Symbol des Staates und der Einheit des Volkes; und er leitet seine Stellung vom Volkswillen ab; und, wichtiger vielleicht: „Der Tenno besitzt keinerlei Befugnisse in bezug auf die Regierung.“ In seiner Neujahrsbotschaft von 1946 hatte der Kaiser gesagt: „Die Bande zwischen uns und unserem Volk beruhten immer auf gegenseitigem Vertrauen und gegenseitiger Verehrung und sind keineswegs Produkte reiner Mythen und Legenden. Sie beruhen nicht auf dem Wahn, der Tenno sei ein gegenwärtiger Gott und das japanische Volk anderen überlegen, oder es hätte gar die Aufgaben, die Welt zu beherrschen.“

Des Kaisers Geburtstag ist nationaler Feiertag. Und während im Palast eintausend Gäste an einer Tee-Zeremonie teilnehmen werden, um den Tenno zu feiern, brausen auf den Straßen um den Palast herum die Autos mit Urlaubern überfüllten Badeorten oder Wanderungen entgegen. Sie mögen nicht mehr in Scheu oder Hochachtung gegen die Mauern blicken. Aber es beruhigt doch, unter all dem oberflächlichen modernen Gewese etwas zu wissen, das Japan seine Einmaligkeit sichert.

Zwielichtig und mächtig

Er stand vor Gericht als Angeklagter im größten Bestechungsskandal der japanischen Nachkriegsgeschichte; er sitzt als „unabhängiger“ Abgeordneter im Unterhaus; und dennoch war Kakuei Tanaka, vor Jahren gegen Kaution aus dreiwöchiger Untersuchungshaft entlassen, der mächtigste Mann der regierenden konservativen „Liberaldemokratischen Partei“ (LDP), der Politiker, gegen dessen Willen Nachfolger für amtsmüde Premiers nicht bestimmt werden konnten. Tanaka, der „zwielichtige Shogun“, wie er von einem Kritiker genannt wird, war Herr über die stärkste Faktion innerhalb der LDP, dieser Vereinigung verschiedener Interessengruppen, die seit über einem Vierteljahrhundert die Geschicke dieser Industrienation bestimmt. Dieser „Verein“ wird nicht durch eine Ideologie zusammengehalten, noch nicht einmal durch einen kleinsten gemeinsamen politischen Nenner, sondern vornehmlich durch das Bedürfnis, durch gute Kontakte zu Industrie und Bürokratie in Tokio dem heimatlichen Wahlkreis möglichst viel Gelder zuzubuttern.

In der Kunst ist Tanaka, am 4. Mai 1918 in der Stadt Nishiyama an der Küste der Japan-See als Sohn eines Reisbauern geboren, bewandert; er wurde im Krieg schnell reich als Bauunternehmer, die Karriere als Politiker ist dank seiner Fähigkeit, die Gewinnträchtigkeit einer Situation für den eigenen Vorteil rasch zu erkennen, wie vom Zeitraffer niedergezeichnet: 1947 Wahl ins Unterhaus als ein Abgeordneter für seine Heimat-Präfektur Niigata im Norden der Hauptinsel Honshu; 1957 Postminister, 1962 Finanzminister, danach Generalsekretär der LDP, 1971 Industrieminister, 1972 Wahl zum Ministerpräsidenten – mit 54 Jahren, einem Alter, in dem hierzulande Politiker normalerweise erst den Stimmbruch durchzustehen haben. Tanaka, der Nouveau riche, wurde von der alteingesessenen „Elite“ wegen fehlender akademischer Qualifikationen und derber Sprache beargwöhnt, von den „kleinen“ Leuten, natürlich besonders der heimischen Präfektur Niigata, unterstützt; er hatte außenpolitisch Erfolg – die Wiederaufnahme diplomatischer Beziehungen mit Peking fällt in seine Amtszeit. Er hatte eine Vision: Der japanische Archipel sollte durch gigantische Investitionen neu gestaltet werden; viele allerdings werfen ihm vor, bei diesem Plan hauptsächlich an eigenen Gewinn bei den einsetzenden gewaltigen Bodenspekulationen gedacht zu haben. 1973 trifft der Ölschock das Land hart, der Premier kommt wegen der Spekulationen ins Gerede, er tritt Ende 1974 zurück, wird 1976 wegen des Verdachts, von dem amerikanischen Flugzeughersteller Lockheed 500 Millionen Yen an Bestechungsgeldern angenommen zu haben, angeklagt; das Urteil wird verkündet, Berufung eingelegt, der Prozeß kann sich noch lange hinziehen.

Heute aber ist Tanaka immer noch der mächtigste Mann Japans, trotz einer lähmenden Krankheit. Seine Wähler sind ihm treu, da er für sie dank bester Beziehungen zu den einflußreichen Kräften in Behörden und Industrie sorgt; „seine“ Abgeordneten sind ihm treu, da er sie bei teuren

Wahlen nicht verkommen läßt; er selbst bleibt sich treu mit seiner einfachen Devise „Do ut des“ – ein wirkungsvolles Rezept in einem Land, das in seinem politischen Gehabe weniger an eine moderne Demokratie gemahnt denn an eine bäuerliche Gemeinde kurz vor der Wahl des Schützenkönigs.

Beobachtungen des Botschafters

„Bei vielen Europäern herrscht noch der Eindruck, daß Japan so ein kleiner Muskelzwerg ist, der hier und da mal zuschlägt, aber eben doch ein Zwerg bleibt.“ Immer wieder pfeffert Günther Diehl, der ehemalige Botschafter der Bundesrepublik in Tokio, in der Unterhaltung seine Analysen mit derartigen Bildern, mit Anekdoten – wie um den Zuhörer zu fesseln, ihn am Diehlschen Esprit teilhaben zu lassen. Vielleicht habe die gegenwärtige Diskussion über Japan – so sagt der Botschafter in einem Gespräch – aber das Bewußtsein in Europa darüber gestärkt, daß die Wirtschaftsmacht Nummer zwei in der westlichen Welt heute tatsächlich bereit sei, politische Verantwortung auf ihre Schultern zu nehmen.

Die von manchem – angesichts ökonomischer Schwierigkeiten – geäußerte These, eine Verweigerung der politischen Zusammenarbeit könne Japan veranlassen, uns in wirtschaftlichen Fragen entgegenzukommen, halte einer nüchternen Nachprüfung nicht stand. Umgekehrt, so Diehl, ergebe es mehr Sinn: Wenn die Europäer zu einer politischen Zusammenarbeit mit den Japanern bereit seien, werde auch deren Neigung wachsen, uns Gehör zu schenken. Gebe es eine Vertrauensbasis, werde die Zusammenarbeit mit ihnen relativ leicht sein; dann tue der Japaner sogar Dinge, die zu seinem eigenen Nachteil seien – wie ein guter Freund. Leute jedoch, „die glauben, sie könnten den Japanern den Arm umdrehen, finden sich meistens schmerzhaft auf der Matte wieder.“

Diehl hält nichts von der „verdammten Hypokrisie“ angesichts der Importe japanischer Produkte nach Europa; wenn die deutsche Industrie in Japan Marktchancen hätte, würde sie zuschlagen ohne Rücksicht auf Verluste. – „Nebenbei: Das haben wir ja getan dreißig Jahre lang.“ Wie sagte ein japanischer Automobilhersteller? Wir exportieren nicht ein Auto mehr, als die Europäer haben wollen. Auch ist der Botschafter keineswegs sicher, ob die Verbraucher in Europa dazu gebracht werden könnten, „nur unserer schönen blauen Augen willen zweitausend Mark mehr auszugeben für ein gleichwertiges Auto."

Doch Diehl beobachtet mit Bewunderung und Furcht zugleich, wie sich in Europa ein emotionaler Stau entwickelt. Leider wiederholten die Japaner allerdings immer wieder den Fehler, daß sie die ganze Auftreffwucht auf einen schmalen Sektor – sowohl vom Produkt als auch von der Geographie her – lenkten; dies erzeuge immer wieder Reizungen.

Der Botschafter ist stutzig geworden darüber, daß japanische Politiker wiederholt feststellten, die derzeitigen Beziehungen zwischen Japan und der Europäischen Gemeinschaft entsprächen dem Stand der japanisch-amerikanischen Beziehungen vor zehn Jahren. Mit den Vereingten Staaten – so referiert Diehl die Äußerungen hiesiger Politiker – gebe es keine großen Probleme, auch nicht auf wirtschaftlicher Ebene, da der Geist des Wettbewerbs das Leben in den Vereinigten Staaten beherrsche – was nach Ansicht des Botschafters nicht mehr von allen Mitgliedern der Europäischen Gemeinschaft behauptet werden kann. Die Beziehungen zu den Vereinigten Staaten seien nach Ansicht japanischer Politiker reifer als die zur Gemeinschaft. Diehl meint, ein Teil der Verantwortung dafür, daß es mit der Europäischen Gemeinschaft noch nicht richtig laufe, liege bei der EG-Kommission in Brüssel. Es sei verblüffend, daß dort kluge und erfahrene Männer nicht sähen, daß die Beziehungen Tokios zu Washington eine existentielle Bedeutung hätten: alle Politik in Japan fängt an und hört auf mit dem Schutz der Souveränität Japans. „Wenn hier etwas passiert – und das kann man ja nicht mehr ausschließen, leider –, dann kann die EG nicht mal einen Zerstörer hierher schicken."

In Brüssel habe man nicht sehen wollen, daß die Japaner sich von den Amerikanern einiges sagen ließen, was sie von den Europäern nicht schluckten. Hier sei die Äußerung eines Europäers, die Japaner seien „Workoholics" und lebten in Kaninchenställen, nicht vergessen, wenn man sich auch liebenswürdig verhalte. Diehl hat den Eindruck, in wichtigen, für den politischen Prozeß meinungsbildenden Schichten existiere so etwas wie eine Trotzhaltung gegenüber Europa – wobei fast schon Mitleid mitschwingen könnte: Na, die in Europa müsse noch etwas nachholen, in zehn Jahren werden sie dann auch so weit sein. Doch den augenblicklich verständlichen Stolz und ein bißchen Selbstgerechtigkeit sollten die Japaner nicht übertreiben, meint der Botschafter; denn Japan sei ebenso gefährdet wie Europa.

Die Europäer sollten auch Äußerungen aus Washington ernst nehmen, daß die wichtigsten Beziehungen der Vereinigten Staaten zu einem einzelnen Land diejenigen zu Tokio seien. Die Europäer betrachteten die Vereinigten Staaten immer noch vor allem als atlantische Macht. Doch im pazifischen Raum entstehe ein neuer Gravitationsbereich. Schwierigkeiten zwischen Tokio und Washington auf wirtschaftlichem Gebiet würden wegen der engen politischen Beziehungen relativiert.

Diehl bemerkt, daß sich innerhalb der vergangenen Jahre zwischen Bonn und Tokio einiges geändert habe. „Als ich hierher kam, war ich beunruhigt zu sehen, daß nur über Wirtschaft gesprochen wurde – fast immer kontrovers; und der eigentliche Mutterstoff jeder Beziehung zwischen Staaten, nämlich die Politik selbst, war ganz schwach im Bewußtsein. Dieses hat sich unter dem Druck der Notwendigkeit verändert. Es gibt heute – mit Sicherheit zwischen Japan und der Bundesrepublik Deutschland – auch wieder politische Substanz. Dieses reicht bis in den Verteidigungssektor hinein. Das ist eine ganz neue Sache."

Günther Diehl meint, es sei verständlich, daß sich Tokio angesichts der Forderung Washingtons nach höheren Militärausgaben ein wenig ziere – hätten sich doch die Vereinigten Staaten nach dem Zweiten Weltkrieg dagegen ausgesprochen, daß dieses Land wieder ein Militär besitze. Psychologische Hemmnisse erschwerten in Japan eine Diskussion über die Rolle des Militärs. Aber die Art und Weise, wie die japanische Regierung die Öffentlichkeit darauf vorbereite, spreche für die Annahme, daß sie militärisch mehr Verantwortung übernehmen wolle. Diehl sagt: „Ob sie wirklich eine große Militärmacht, etwa ihrem wirtschaftspolitischen Potential entsprechend, sein wollen: da zögere ich."

Die „Perseverance" in der stillen Verfolgung langfristiger Ziele sei beeindruckend. Zwar wüßten auch die Japaner zu taktieren, pragmatisch vorzugehen; aber ihnen sei auch bewußt, daß man grobe Fehler macht, wenn man nicht eine Art Kompaß besitze. Dies sei auch zu beobachten im Umgang Tokios mit der Sowjetunion, bei der Diskussion um die vier nördlichen Inseln. Die Haltung der Japaner habe sich verhärtet. Die Sowjetunion, von Tokio betrachtet, wirke wie eine europäische Kolonialmacht in Asien. Diehl sagte: „Es ist evident, daß das Kolonialzeitalter vorüber ist." Der chinesisch-japanische Vertrag von 1978 sei ein Lehrstück für die feste Politik Japans. Moskau habe versucht, diesen Vertrag zu verhindern, sich aber dabei allzu grob angestellt. Diehl beachtet den „Aufbau einer Position hier, die – ohne unfreundlich zu sein und eigentlich immer auch zur Kooperation bereit – doch sich nicht beugt, keine Demutshaltung einnimmt und auch nicht glaubt, dadurch Wohlverhalten zu holen."

Japan meine auch nicht, es sei groß genug, die Sowjetunion durch Zusammenarbeit irgendwie binden zu können. Der Botschafter führt die japanische Zurückhaltung gegenüber sowjetischen Angeboten für ein Erdgasgeschäft an, auch bei der Anreicherung von Uran sei Japan nicht mit einem Gramm von der Sowjetunion abhängig. Man müsse diese Haltung nicht kopieren, aber sie sei sehr eindrucksvoll und habe dem Verhältnis zwischen Tokio und Moskau überhaupt nicht geschadet, selbst im wirschaftlichen nicht, meint der Botschafter. Natürlich sei die Situation in Europa gegenüber der Sowjetunion anders; Diehl ist allerdings nicht darüber bedrückt, daß die Lage Moskaus hier im pazifischen Raum schwächer, gefährdeter sei.

Insulare Karriere

Eine Noh-Maske namens Sakurauchi – so erscheint er manchem Japaner, so wird er auf die meisten Ausländer wirken, die mit ihm am Verhandlungstisch sitzen oder ein unverfängliches Gespräch einfädeln möchten. Nicht nur, daß der ehemalige japanische Außenminister seinen Fremdsprachen-Wortschatz beschränkt sieht auf Wendungen wie „How are you?", notfalls auch noch „How do you do?"; nicht nur, daß ihn seine geringen Erfahrungen im Umgang mit der nichtjapanischen Welt erst einmal wenig geeignet erscheinen lassen als kompetenten Repräsentanten dieser ostasiatischen Wirtschaftsmacht. Nein, die halbgesenkten Augenlider, der kahle Kopf, die ökonomische, geizige Verwendung seiner Gesichtsmuskeln lassen den anderen zweifeln, ob denn Sakurauchi überhaupt zuhört, überhaupt mitkommt.

Er hört zu, seine Gedanken sind schon einen Schritt weiter. Sakurauchi wurde im Mai 1912 geboren; er ist Absolvent der Wirtschaftsfakultät der angesehenen privaten Keio-Universität – die allerdings normalerweise nicht Nährboden ist für die politische Elite Japans wie Todai oder Waseda. Der Vater war Finanzminister vor dem zweiten Weltkrieg. Dieses Amt strebt auch der Sohn an. Erst einmal versieht er verschiedene führende Funktionen in mittleren japanischen Industrie-Unternehmen; über seine Tätigkeit während der Kriegsjahre erfahren wir nichts. 1947 wird er erstmals ins Parlament gewählt, Minister für Internationalen Handel und für Industrie, später auch für Landwirtschaft, auch für Konstruktion. Daneben übernimmt er viele Ämter in der regierenden konservativen Liberaldemokratischen Partei (LDP). Er war Generalsekretär der LDP. Sakurauchi ist verheiratet, hat zwei Töchter und einen Adoptivsohn, der die Fortsetzung der Familien-Linie sichern soll – in Japan üblich – und mit der älteren Tochter der Sakurauchis verheiratet ist.

Eine recht ansehnliche, recht insulare Karriere. Und dann Sakurauchi als Außenminister, der den Kontakt mit Staatsmännern anderer einflußreicher Völker pflegen soll, die – mit Ausnahme zum Beispiel der Briten und Japaner – nicht erst lernen müssen, ein Boot zu steuern, um zu ihren Nachbarn zu gelangen. Ist das absurd? Nein. Das wichtigste Arbeitsgebiet des japanischen Außenministers ist Tokio: Er muß seiner Behörde einen möglichst großen Anteil am japanischen Haushalt sichern; in Japan ist gebührlicher Umgang mit den anderen Mächtigen innerhalb der LDP, mit anderen Ressort-Kollegen vonnöten; auch können gute Kontakte zu „Interessengruppen“ wie dem japanischen Pfadfinderverband oder der buddhistischen Nichiren-Sekte nicht schaden. Sakurauchi ist erfahren, Respekt einflößend. Er versteht es, sich respektierlich zu verhalten. Er war daher den mächtigen Bürokraten im Außenministerium lieber als sein Vorgänger Sonoda, der aus der Reihe der Diplomaten, der konservativen Parlamentsabgeordneten tanzte, um halbstarke Worte seines Premiers Suzuki zur Außenpolitik aus Loyalität zu ihm durch starke Äußerungen – zum Bündnis mit den Vereinigten Staaten etwa oder zu finanziellen Forderungen der Südkoreaner – zu übertönen.

Es ist den mit dem Ausland befaßten Politikern in Tokio nicht verborgen geblieben, daß im Umgang mit international einflußreichen Regierungen der persönliche Kontakt an Bedeutung gewinnt, es also naheläge, einen japanischen Außenminister zumindest nicht alle sechs oder zwölf Monate auszuwechseln. Sakurauchi, so heißt es, fröne keinerlei Ambitionen, Premierminister zu werden. Er strebe den Posten des Finanzministers an: Vater und Sohn innerhalb eines Jahrhunderts im gleichen Ministerium in Tokio. Sein Nachfolger im Außenministerium dann, Shintaro Abe, bewies schon längeren Atem – zum Nutzen der Kollegen im Ausland.

Denker und Wahlredner

Ebara-Nakanobu nachmittags um vier: Die Schatten haben sich jetzt im Winter schon auf die engen Straßen gelegt, es ist kühl, vor dem Bahnhof ruft der Süßkartoffel-Händler die Ware aus, Rauch steigt auf von seinem Holzkohle-Wägelchen. Ishihara kommt nachher vorbei, hält wohl eine Rede. In der einen Kilometer langen überdachten Bazarstraße liegen Luftbefeuchter, Synthetik-Pantoffeln, China-Kohl, buddhistische Haus-Altärchen und Ohrenwärmer aus – Waren, die im japanischen Winter Absatz finden. Die Hausfrauen kommen erst später, wenn die Verkäufer lautstärker um die Kundschaft buhlen, um ein paar zusätzliche Münzen in die Kasse zu bringen. Der Möbelhändler hat sein Inventar hinten und im oberen Stockwerk verstaut, den zwanzig Quadratmeter großen Laden frei gemacht für den Wahlkampf. Er gehört zum Unterstützungskomitee für Ishihara. Fotos des Politikers kleben an den neonbestrahlten Wänden, alte Frauen in weißen Kitteln wärmen sich ihre Hände an Teetassen, sie drücken Passanten buntbedruckte Zettel in die Hand, fordern sie auf, sich in Listen einzutragen. Und wer sähe nicht gerne seinen eigenhändig und kalligraphisch niedergeschriebenen Namen in dem Wahl-Poesiebuch eines bekannten Politikers – wenn das Dokument später auch in einem Schuppen verstaubt? Schrift ist heilig in Ostasien. Am Sonntag wird gewählt in Japan.

Ishihara kommt nachher. Er lächelt jungenhaft von den Plakaten, die Zähne strahlen zahnarztweiß, das von interessanten grauen Strähnen durchwirkte schwarze, luftige Haar lockert das straffe Gesicht auf, er ist ja Segler, einer der erfahrensten in Japan, früher war er auch Fußballer. Auf den Bildern sieht er aus wie ein vierzig Jahre alter Mann, der Frauen die Röte auf die Wangen treiben und mit seinen Neffen inmitten von Modelleisenbahnen hocken kann. Ishihara, „Steinfeld" auf deutsch, ist älter, sein Lebenslauf nennt das Geburtsjahr 1932. Er schrieb, jung, vor einem Vierteljahrhundert, einen Roman, der die Alten vor den Kopf stieß, weil er Lüsternheit, Gewalt, Ungeduld der Jugend beschrieb. Der angesehene Literaturpreis „Akutagawa" wurde ihm dafür verliehen, dieses und andere Bücher wurden zu Filmen. 1968 wird er ins Oberhaus gewählt, seit 1972 sitzt er im einflußreicheren Unterhaus, als Abgeordneter der Jahrzehnte schon regierenden konservativen Liberal-Demokratischen Partei für den Wahlkreis II in Tokio. Das ist die Gegend nahe der Tokio-Bucht und entlang dem Tama-Fluß, an der Grenze zur Stadt Kawasaki. Ein Jahr lang war er Umweltminister.

Ishihara ist ein politischer Denker, ungewöhnlich in Japan. Viele stufen ihn rechts ein, das ist Schablone. Er geißelt den immer noch vorherrschenden Isolationismus seiner Landsleute. Er benennt die Sowjetunion klar und deutlich als Quelle der Bedrohung für Japan. Er fordert, auch im Verteidigungsbereich den Vereinigten Staaten gegenüber ein ebenbürtiger Partner zu werden, nicht der „Schüler" zu bleiben. Erst dann werde im Bewußtsein der Bevölkerung die Nachkriegszeit zu Ende gehen. Ishihara, der eine kleine Faktion in seiner Partei anführt, wünschte sich eine Spaltung ebendieser Partei, damit es Abwechslung in der Regierungsmacht gebe, die Opposition sei wegen ihrer Bedeutungslosigkeit dazu nicht in der Lage. Er spricht sich aus für gleichmäßigere Verteilung der Steuerlast, für Beschränkung der Bürokratie und für eine stärkere Unterstützung kleiner und mittlerer Industriebetriebe: In seinem Wahlkreis wimmelt es nur so von kleinsten Zulieferer-Werkstätten.

Und da steht er nun auf dem Lautsprecherwagen, an die Bahnhofswand gedrückt. Alle zwei, drei Minuten gehen die Bambusschranken herunter, eine S-Bahn surrt vorüber. Achtzig, hundert Zuhörer haben sich eingefunden, getrennt vom Politiker und seinen Getreuen durch das Sträßchen, über das Kleinlastwagen, Taxis, Radler hechten. Der Zeremonienmeister oben auf dem Autoblechdach, mit gütigen Froschaugen und einem Puddingbauch, ruft Namen auf. Die ehrwürdigen Wahlkampfhelfer – ein Apotheker in weißem Kittel, viele andere in grauen Anzügen – klettern die Stahlklapptreppe zum Autodach hinauf, breitschultrige Burschen stemmen ihre Hände gegen die Hosenböden der Honoratioren. Zwei Mikrophone wandern hin und her, Ergebenheitssprüche werden durch die Lautsprecher gebrüllt.

Ishihara schüttelt Hände. Der Frosch erwähnt auch noch die Namen der vor dem Wagen auf dem Trottoir aufgereihten weiteren Helfer, die vielleicht erst beim nächsten Wahlkampf auf die schwankende Plattform über die Menge steigen dürfen oder die schon zu gebrechlich für derartige Turnereien sind. Ein 83 Jahre alter Mann, Abgeordneter im Stadtparlament, kriegt ein Mikrophon zu fassen.

Dann spricht Ishihara. Zeit, ihn anzusehen, war genug. Er ist behäbig, reibt sich die Hände, verschränkt sie vor seinem Bauchansatz. Sechzig Jahre alt sieht er mindestens aus, anders als auf den Fotos. Eitelkeit? Er ist massig gebaut, muskulös. Nicht ein junger, adretter Politiker, eher ein eichener Schrank-Mann. Was er sagt, geht zuerst unter in der Bewunderung über seine wohltönende Stimme, seine raschen Sätze.

Ishihara warnt seine Zuhörer davor, den Zeitungen zu glauben, die da schreiben, er würde ganz sicher wieder ins Parlament gewählt, das sei gefährlich für ihn; nein, er benötige jede Stimme. Er bittet die Wähler um Nachsicht dafür, daß er nicht während des zwei Wochen dauernden Wahlkampfes hauptsächlich hier in Tokio sein könne, er müsse ja auch in anderen Teilen des Landes um Unterstützung für Parteifreunde werben.

Die vom Wahlkampfhauptquartier in Omori angereisten vier älteren freiwilligen Damen, die dort freiwilligen Plakatverteilern Plätzchen anboten, klatschen für ihr Idol begeistert in die Hände, Ishihara winkt, der Greis rennt gegen ein Dreirad, die S-Bahn surrt vorüber, der Frosch putzt die Brille, Hausfrauen machen sich endlich über die Sonderangebote her. Ishihara – ja, er wird schon wiedergewählt werden – hat seine Schuldigkeit getan. Die der großen Politik verbundenen Fan-Clubs sind nun wieder auf sich selbst gestellt, Plakate kleben, Lautsprecherwagen fahren, Postkarten addressieren, in Vereinen sprechen, Süßigkeiten anbieten – von morgens acht bis spät nach Mitternacht. Ishihara ist bereits entschwunden, um Schutzbefohlenen in Hokkaido, Kyushu oder sonst irgendwo zu Ruhm und seiner kleinen Faktion zu mehr Gewicht zu verhelfen.

Moskau in Tokio

Das Leben europäischer Diplomaten in Tokio ist beschaulich. Die Jüngeren, die nach Höherem – einem Botschafterposten etwa in Sanaa oder Kabul – streben, verdienen sich mit besonders ausgefeilten Depeschen ihre Sporen. Diplomatische Grandseigneurs, die die wahren politischen Zentren der Welt wie Washington oder Paris schon goutiert haben, gehen mit Würde ihrer Arbeit nach. Hier in Nippon wollen – abgesehen von kleinen Reibereien, die Export und Import betreffen – die Fragen von historischer Bedeutsamkeit oder strategischer Dimension nicht so recht aufkommen. So ist Tokio, wiewohl Hauptstadt einer der größten Industrienationen, für den europäischen Diplomaten ein Flecken hart am Rande der Welt – von Bonn zum Beispiel zwanzig Reisestunden entfernt.

Ein europäischer Botschafter in Tokio fiel allerdings aus dem Rahmen: Wladimir Pawlow. Er war akkreditierter Herr über das hochummauerte Wohn- und Büro-Areal an der Gaien-Ost-Straße, zwischen dem dem Eiffelturm nachempfundenen „Tokyo Tower" und dem Nachtclub-Viertel Ropponig. Fast täglich wird das Botschaftsgebäude von japanischen Rechtsradikalen mit ihren nicht nur sowjetische Ohren ruinierenden Lautsprecher heimgesucht; schlagkräftige japanische Polizisten, im Umkreis von einem Kilometer mehr oder weniger sichtbar aufgestellt, bewachen es – ohne allerdings immer rechtzeitig dem Lärm Einhalt gebieten zu wollen.

Pawlow, der grauhaarige ehemalige Botschafter Moskaus in Japan, hat in jungen Jahren auf einer technischen Hochschule den Eisenbahnbau gelernt; im zweiten Weltkrieg – so heißt es aus der Botschaft – habe er am Wiederaufbau der von deutschen Faschisten zerstörten Eisenbahnen mitgewirkt. Er war auch in der Komsomolsk, der kommunistischen Jugendorganisation, tätig. Seit 1966 ist er Mitglied des Zentralkomitees der KPdSU, vorher war er im Partei-Komitee von Moskau und in anderen Gremien. Pawlow hatte zehn Jahre lang, seit 1971, als Botschafter in Ungarn Gelegenheit, sich an diplomatische Finessen zu gewöhnen. Dort war er Primus inter pares, wurde wohl kaum von einem Abteilungsleiter ins Außenministerium gebeten – schon gar nicht außerhalb der Bürozeiten.

Das ist hier in Tokio anders. Japan hat, nach der Niederlage im Zweiten Weltkrieg, 1956 mit Moskau wieder diplomatische Beziehungen aufgenommen, ein Friedensvertrag ist immer noch nicht geschlossen worden, Tokio wünscht davor Verhandlungen über die vier von sowjetischen Soldaten in den letzten Kriegstagen überrannten japanischen Kurilen-Inseln. Das Verhältnis zwischen den beiden Ländern ist kühl. Die Aufgabe des sowjetischen Botschafters war bislang, neben den – allen Botschaftern heutzutage zugemuteten – Wiederholungen von Erklärungen der eigenen Regierung, auch für eine Verringerung antisowjetischer Ressentiments innerhalb der japanischen Bevölkerung zu wirken – durch Auftritte des Bolschoi-Balletts, durch sowjetische Kultur-Ausstellungen und Bevorzugung der in sowjetischen Gewässern operierenden nordjapanischen Fischer. Diese Beharrlichkeit voraussetzende diplomatische Tätigkeit – Pawlow pflegt als Hobby das Schachspiel – ist zunichte gemacht worden durch den Abschluß der koreanischen Verkehrsmaschine mit 269 Menschen an Bord. Pawlow wurde frühmorgens und nächtens ins Außenministerium zitiert, er wiederholte, was blieb ihm anderes übrig, die in Moskau zum Flugzeugabschuß erdachten Sprachregelungen und bestätigte damit dem normalen japanischen Fernsehzuschauer, was der eigentlich immer schon wußte: Europäer sind sie, die Russen, aber auch europäische Kommunisten, die uns hier in Ostasien bedrohen. Finger weg und Vorsicht.

Sozialist mit kleinen Schritten

„Am 8. April, dem Tag nach unserer Ankunft in Washington, war der Himmel blau, die Kirschbäume standen in voller Blüte. Wir glaubten, mindestens die Natur entböte uns ihren besten Willkommensgruß." Nein, dies steht nicht auf der Postkarte mutiger Einwanderer vergangener Zeiten, auch nicht im Aufsatzheft eines Primaners. Masashi Ishibashi, Vorsitzender der Sozialistischen Partei Japans, der größten Oppositionspartei, beginnt so einen Beitrag für die Tageszeitung „Asahi Shinbun" über seine gerade abgeschlossene Amerika-Reise. Ein paar blumige Worte sind in Japan üblich, besonders wenn harte Brocken folgen. Ishibashi kommt auch sofort zur Sache: „Wie haben uns die Amerikaner empfangen? Um gleich das Wesentliche zu sagen: Die Behandlung, die sie uns zukommen ließen, war weitaus freundlicher, als wir erwartet hatten, und der Dialog mit ihnen wirklich fruchtbar."

Das sind harte Brocken – für manches ideologisch gut durchtrainierte Mitglied der Parteizentrale im Herzen Tokios. Denn Ishibashi hatte ja während seines zehn Tage dauernden Aufenthalts in Amerika nicht mit Gleichgesinnten gesprochen. Er hatte sich ins Zentrum des „Imperialismus" begeben: Gesprächspartner waren Präsident Reagans Stellvertreter Bush, Außenminister Shultz, Verteidigungsminister Weinberger, der frühere Außenminister Kissinger. Und das Verhältnis der Sozialisten zu dem einzigen Bündnispartner Japans ist immer feindselig gewesen. Das hängt zusammen mit den Vorstellungen der Sozialisten von einer „unbewaffneten Neutralität" Japans, der das Bündnis zwischen Tokio und Washington zuwiderläuft. Die Sozialisten haben sich lieber an den kommunistischen Nachbarn orientiert, an China und der Sowjetunion – mit der für japanische Parteien typischen Folge: Bildung von Faktionen, die sich nach Herzenslust bekämpfen.

Ishibashi ist 1924 auf der chinesischen Insel Taiwan geboren, sie war damals japanische Kolonie. Er diente als Soldat im pazifischen Krieg, arbeitete später auf dem amerikanischen Militärstützpunkt in Sasebo auf Kyushu und widmete sich dort Gewerkschaftsaufgaben. 1955 wurde er als sozialistischer Abgeordneter der Stadt Nagasaki ins japanische Unterhaus gewählt, damals der jüngste Abgeordnete überhaupt. In seiner Partei konzentrierte er sich vornehmlich auf Außenpolitik und Verteidigungsfragen. Er war Leiter des internationalen Büros, Generalsekretär und stellvertretender Vorsitzender. Ihm werden Sinn für die Realität und Wille zum Ausgleich nachgesagt – Eigenschaften, die ein Segen für seine Partei sein könnten. Er ist ein beredter Politiker, in seinem Stil eher akademisch zurückhaltend als aufdringlich volksnah.

Ishibashi, der einen ernsthaften Eindruck vermittelt, hatte vor kurzem einen großen Lacherfolg – auf der Seite seiner Gegner. Er behauptete, die japanischen Selbstverteidigungskräfte, das Militär, seien nicht verfassungsgemäß, ihre Existenz aber sei legal. Diese Haarspalterei kennzeichnet das Dilemma, in dem er sich befindet. Als Realist mag er wohl vermuten, daß sein Land trotz der unheilvollen Erfahrung mit dem japanischen Militarismus in der Vergangenheit ohne Abschreckungsfähigkeit oder ohne Zugehörigkeit zu einem „Lager“ rasch seine wirtschaftliche Größe einbüßen würde. Als Realist aber weiß er auch: radikale Kurskorrekturen könnten die Partei spalten. Er ist ein Mann mit dem Mut zu kleinen Schritten nach vorn. Die Wähler würden ein wenig mehr Distanz der Sozialisten zu kommunistischen Regimes wahrscheinlich honorieren.

Hinter Glaswänden geborgen

Die Stahltreppe ist schmal und steil, wie im Maschinenraum eines Dampfers. Links und rechts Bücher, 335 527 Bände, hier und da Luken zu Leseräumen mit Fenstern. Sieben Stockwerke hinauf, der Aufzug ist Gedrucktem vorbehalten, ganz oben dann an fünf bis unter die Decke vollgepackten Regalreihen entlang, an der Wand zwischen zwei Stahlschränken sich hindurchzwängen, unter der trockene Wärme verbreitenden Klimaanlagen niederknien und den Deckel des Holzkastens anheben: Was ruht dort inmitten von Holzwolle? Die Totenmaske des Philosophen Paul Natorp. Das marmorne Antlitz gibt nicht die Gelassenheit des Todes wider, eher eine leichte Kümmernis darüber, daß dem Forschen ein Ende gesetzt wurde, 1924, nach siebzig Lebensjahren.

Ein lebendiger Gelehrter blickt uns durchdringend an, von einem Photo auf den ersten Seiten des „Bücherverzeichnisses der Bibliothek Paul Natorps", Seizyo-Gakuen, Tokyo 1938. Der Neu-Kantianer Natorp hinterließ eine umfangreiche Bibliothek, aus der 4454 Bände im Jahre 1925 in Tokio ihre Heimat fanden. Sie befinden sich auch heute noch dort, in der Seizyo-Universität im Westen der japanischen Hauptstadt, vom pazifischen Krieg unbeschadet, auf einigen Quadratmetern zurechtgerückt, hinter Glaswänden geborgen, fast staublos, gleich neben dem Kasten mit der Totenmaske. Der freundliche Herr Nobuo Sekido, der sich um die Bücher der Universität kümmert, auch um die „Natorp-Bibliothek", hofft, bald einmal in ein größeres Gebäude umziehen zu können. Dort könnte dann natürlich auch die Skulptur würdig aufgestellt werden.

Natorps Bibliothek in Tokio – warum? Erschöpfende Auskünfte erhalten wir hier nicht. Ein Professor, Tokuji Yamashita, der früher an der Seizyo-Gakuen unterrichtete, hatte bei Natorp in Marburg studiert, dann dazu beigetragen, daß ein Großteil von dessen Bibliothek nach Tokio gebracht wurde. Im Vorwort zum „Bücherverzeichnis" heißt es: „Nach dem Tode von Professor Natorp wurden seine Bücher von allen Seiten lebhaft verlangt, aber dank dem glücklichen Umstand, daß die Herren Dr. Sawayanagi und Dr. Konisi, zwei unserer hervorragendsten Persönlichkeiten auf dem Gebiete der Pädagogik, mit Professor Natorp persönlich bekannt waren, wurde beinahe seine vollständige Bücherei auf den inständigen Wunsch unserer Schule hin, infolge persönlicher Zuvorkommenheit der Frau Natorp unserer Schule gegenüber, im Januar 1925 unserer Anstalt übergeben und aus weiter Ferne in unsere Bibliothek überführt." Die beiden „hervorragendsten" Persönlichkeiten versäumten wohl mitzuteilen, welche Gründe Frau Natorp bewogen haben könnten, trotz lebhafter Nachfrage gerade Sawayanagi, Gründer der Seizyo-Schule und Pestalozzi-Fachmann, den Zuschlag zu geben.

Die Bibliothek umfaßt Kostbarkeiten. Zum Beispiel: Pestalozzi, Johann Heinrich: Wie Gertrud ihre Kinder lehrt, ein Versuch, den Müttern Anleitung zu geben, ihre Kinder selbst zu unterrichten, in Briefen. Bern und Zürich, 1801. Oder: Die Ethik des Aristoteles, übersetzt und erläutert von Christian Garbe, Breslau 1798. Sie umfaßt Köstlichkeiten wie: Neutraler Guttempler, deutsche Monatszeitschrift zur Bekämpfung der Trinksitte und des Alkoholkapitals, Heidelberg 1913. Oder: Rezepte zu Ruffs vereinfachter und verbesserter Konservierung im Haushalt zur Herstellung von Obst-, Gemüse-, Beeren- und Fleisch-Konserven sowie Fruchtsäfte und Pilze, Stuttgart-Degerloch o. J. Aber auch Postkarten von und an Natorp.

Wer nun bedient sich der Natorp-Bibliothek, die mit ihren Bänden – besonders zu Philosophie und Pädagogik, aber auch zu Psychologie, Soziologie, Sprachwissenschaft und anderen Gebieten – eine Fundgrube ist für bibliophile Wissenschaftler, die sich in ihrem „Fach“ noch nicht abgeschottet haben gegen die Außenwelt? Ja, vielleicht sechs, sieben japanische Gelehrte, sagt Herr Sekido, sechs, sieben im Jahr. Er räuspert sich höflich. Ja, in den vergangenen drei Jahren hätten sich auch insgesamt 71 Leute Kopien aus der Bibliothek erbeten, sagt Herr Sekido.

Das ist nicht viel, auch nicht in Japan. Natorp ist jedoch auch in Deutschland nur noch wenigen bekannt. Heidegger, der in seiner Marburger Zeit Natorp nahestand, widerfuhr anderes hier wie dort. So werden die Bücher dieses „eisgrauen, kleinen Mannes“ wohl weiterhin in der Universität am Stadtrand von Tokio vor sich hin träumen – in einer Magazinatmosphäre, die recht wenig gemein hat mit Natorps Arbeitszimmer in Marburg, wie es in dem „Bücherverzeichnis“ zweimal abgebildet ist. Die viertausend Studenten der nicht schlecht angesehenen Seizyo-Universität werden sich auch weiterhin nicht die sieben Treppen hinaufquälen, um vielleicht einen Blick in die von Natorp gesammelte „Frankfurter Zeitung und Handelsblatt“ vom ersten Weltkrieg zu werfen. Wenn es aber mit dem Bibliotheksneubau noch länger dauern sollte, könnte man die marmorne Totenmaske wenigstens erst einmal in ein Bücherregal stellen.

VON DER GESELLSCHAFT

Club der Modernen

In der japanischen Hauptstadt ist vor kurzem die „Gesellschaft zur Abschaffung des Kabuki, Ikebana und Kendo" gegründet worden – besser unter ihrem kurzen Namen „Donnerstagabend-Club" bekannt. Die Mitglieder, die nach Angaben der Gründungsteilnehmer inzwischen schon mehr als einhundertvierzig Persönlichkeiten aus Politik, Wissenschaft und Management umfassen, treffen sich am ersten Donnerstag eines Monats im „Perlen-Saal" des renommierten Akuse-Hotels, daher der Name. Die Mitgliedschaft in der Gesellschaft ist an gewisse Bedingungen geknüpft, die die meisten Japaner von diesem Privileg ausschließt: Neben befriedigenden Kenntnissen zumindest einer Fremdsprache und einem Auslandsaufenthalt von mindestens zwei Monaten muß der Bewerber außerdem nachweisen können, daß er sowohl fundierte Kenntnisse in einer der im Namen der Gesellschaft enthaltenen traditionellen japanischen Künste besitzt als auch einen ausländischen Gewährsmann benennen kann, den er in einer dieser Künste zu unterweisen versucht hat. Frauen sind von der Mitgliedschaft ausgeschlossen, da sie – so der Vorsitzende der Gesellschaft, Sezuki – „nach der Eheschließung für Förderung des Ansehens des modernen Japan in der Welt nicht mehr von Nutzen sind".

Welches sind die Ziele der Gesellschaft? Ein Mitglied, Professor an der Tokio-Universität, das nicht genannt werden möchte, faßt sie folgendermaßen zusammen: Japan, die zweitgrößte Wirtschaftsmacht in der westlichen Welt, sieht sich seit einigen Jahren mit Begriffsstutzigkeit – besonders in Westeuropa und in Nordamerika – konfrontiert über die wirklichen Gründe, die Japan dazu zwingen, auf ökonomischem Gebiet den Verbrauchern anderer hochindustrialisierter Nationen ums eine und andere Mal die Überlegenheit japanischer Produkte vor Augen zu führen. Dies, so der Professor, habe nichts mit einem angeblichen Hochmut der Japaner zu tun, trotz der Niederlage im zweiten Weltkrieg weiterhin ein „reines“ auserlesenes Volk zu sein: Vielmehr seien die Ausländer, besonders die Deutschen, von deren Kultur dies ostasiatische Land ja so viel gelernt habe, sprachlos angesichts der vielleicht unergründlich erscheinenden japanischen „Kultur“, wie Kabuki, eine Form des Theaters, Ikebana, eine Art, wenige Blumen raumdeckend zu stecken, oder Kendo, eine Art, mit einem Stock den Gegner zur Bewegungslosigkeit zu hauen.

Derartige „Exotismen“ seien nicht geeignet, die Freundschaft zwischen Japanern und anderen Völkern zu vertiefen. Deshalb tritt er für eine Abschaffung des Kabuki, des Ikebana und des Kendo ein. Diese Formen des ureigensten japanischen Lebens hätten sich inzwischen überlebt, sie bedeuteten den „normalen“ Japanern nichts mehr, sie würden allein von „ewiggestrigen“ Landsleuten benutzt, um ausländische Touristen das Staunen ob japanischer Eigenwilligkeit zu lehren. Dies aber, so der Professor, verringere, für die Zukunft gesehen, die Chancen etwa des Absatzes japanischer Motorräder auf ausländischen Märkten, da die immer größer werdende Zahl von deutschen, italienischen oder amerikanischen Touristen, die Nippon besuchten, nach ihrer Rückkehr die Skepsis ihrer Landsleute gegenüber Produkten japanischer Machart verstärkten, die in einem Land dilettantischer Blumensteckerei, strapaziöser Theaterspielerei oder kindischer Stockschlägerei hergestellt würden.

Der „Club“ hat Feinde – erstaunlicherweise greifen sie gleich von zwei Seiten an. Konservative Japaner werfen ihm vor, den Ausverkauf ureigenster japanischer Werte zu betreiben. Besonders in der Hauptstadt Tokio sind täglich Kampagnen in Khaki gekleideter, drahtiger, kurzgeschorener Japaner zu beobachten, die die Wahrung ehrwürdiger Werte verbinden mit dem Ruf nach Rückführung der zum Ende des zweiten Weltkrieges von der Sowjetunion besetzten Gebiete nordwestlich Hokkaidos in japanische Oberhoheit. Die anderen – man könnte sie als radikale Antitraditonalisten bezeichnen – werfen dem Club vor, nicht konsequent genug mit japanischen Traditionalismen aufzuräumen, auch Sumo, der Sport der fetten Ringer, Kirschblütenfeste, Vorwand für riesige Saufgelage, Kimonos, dem modernen, hochgewachsenen

Japaner nicht mehr angemessene Bekleidungsformen, und Sashimi, eine modischer „cuisine“ kaum entsprechende Form, rohen Fisch zu verschlingen, müßten als Opfer gebracht werden, um Japan ganz in die Gemeinschaft der modernen Nationen einbeziehen zu können.

Lohnkampf mit Harmonie

In Japan gibt es keine Arbeiterklasse. Wer dies weiß, dem wird es leichter fallen, die Funktion der im Vergleich zu anderen hochindustrialisierten Staaten zahm anmutenden japanischen Gewerkschaften zu verstehen. Ein Beispiel: Gerade tobt wieder der „Shunto“ – der Frühjahrskampf. Fäuste werden gestreckt, kämpferische Parolen gerufen, Streiks angedroht – und Forderungen erhoben, die einen deutschen Gewerkschaftsführer etwa nur müde lächeln ließen – eine Lohnerhöhung um neun Prozent – wohl wissend, daß der schließlich ausgehandelte Kompromiß kaum mit der zu erwartenden Inflation Schritt halten wird; die allgemeine Einführung der Vierzig-Stunden-Woche (an fünf Tagen); einen Jahresurlaub von mehr als zwanzig Tagen; Begrenzung der Überstunden und der Schichtarbeit und schließlich eine Verlängerung der Arbeitszeit über das sechzigste Lebensjahr hinaus – ja, eine Verlängerung! Der „Frühjahrskampf“ entscheidet nicht nur über die Lohnerhöhungen in der Privatindustrie, sondern beeinflußt auch die Abschlüsse im öffentlichen Dienst (die dort Beschäftigten besitzen kein kollektives Verhandlungs- oder ein Streikrecht), die Löhne für die nichtorganisierten Arbeiter und die Höhe der von den Präfekturregierungen festgelegten Mindestlöhne.

Gewerkschaften gibt es in Japan eine Menge, knapp 74 000. Es sind Betriebsgewerkschaften, vergleichbar deutschen Betriebsräten, die sich dem Wohl ihrer Arbeiter und ihres Betriebes verpflichtet fühlen. Daneben bestehen noch einige nationale Gewerkschaften, etwa für Seeleute und Angestellte öffentlicher Betriebe. Zwar existieren auch noch überregionale zentrale Organisationen landesweiter Gewerkschaften; die größte, der „Allgemeine Rat der Gewerkschaften Japans“

– kurz „Sohyo“ – mit über 4,5 Millionen Mitgliedern, vertritt hauptsächlich nationale Betriebsgewerkschaften öffentlicher Unternehmen und Branchenföderationen aus der Eisen- und Stahlindustrie, der Chemie und privater Eisenbahnen. Doch diese Dachverbände fungieren im wesentlichen als Unterstützungspotential für eine politische Partei – „Sohyo“ für die japanischen Sozialisten, „Domei“, der zweitgrößte für die konservative Demokratisch-Sozialistische Partei. Sie koordinieren allerdings auch die jährlich stattfindenden Lohnkämpfe, um die fehlende Einheit japanischer Gewerkschaften, die zu starker Konkurrenz zwischen verschiedenen kleinen Arbeitsorganisationen gleicher Branchen führt, zu mildern. Doch die Tarifhoheit liegt ausschließlich bei den Betriebsgewerkschaften.

In diesen Betrieben herrscht eine geradezu patriarchalische Atmosphäre: Der Arbeitgeber, der Konzernherr, strahlt gütige Autorität aus; er setzt sich für das Wohl des Unternehmens ein, um den Angestellten, den „Söhnen und Töchtern“, ein Auskommen zu sichern – und umgekehrt: Die Arbeitnehmer strengen sich an, damit „ihr“ Unternehmen der Konkurrenz gegenüber die Nase vorne behält. Die Firma bietet ihren loyalen Betriebsangehörigen nicht nur einen vernünftigen Lohn, sie hilft auch bei der Wohnungssuche, bei der Partnerwahl, der Ausfüllung der Freizeit; sie lohnt den Mitarbeitern ihre Treue, indem sie das Einkommen Jahr für Jahr – nicht unbedingt entsprechend der Qualifikation, sondern nach Seniorität – erhöht: zweimal im Jahr, im Sommer und im Winter, wird ein Bonus gezahlt, zwei oder mehr Monatsgehälter; und im Alter, bei der Pensionierung mit 55 oder 58 Jahren, erhält der treue Betriebsangehörige ein Altersgeld, das meistens errechnet wird aus dem letzten Gehalt multipliziert mit der Anzahl der in der Firma gearbeiteten Jahre.

Es ist verständlich, daß in einer derartigen Atmosphäre, die das Zusammengehörigkeitsgefühl fördert, herbeizwingt, in einem solchen System, das lebenslange Zugehörigkeit zu einem Betrieb honoriert, die Arbeit der Gewerkschaft anders beschaffen ist als etwa in der Bundesrepublik. Nicht der Konflikt ist hier der Motor bei Verhandlungen zwischen Gewerkschaft und Unternehmen, sondern die Suche nach Harmonie. Die Arbeiter der Firma Ito betrachten sich nicht in erster Linie als Lackierer oder Schweißer, sondern als Angehörige der „Familie Ito". Den stolzen Handwerker oder Arbeiter, etwa den „freien" Schiffszimmermann in Hamburg-Altona, der seine Berufsehre notfalls auch einmal mit den Fäusten verteidigt, wird man in Japan kaum antreffen.

Die spät begonnene Industrialisierung Japans, die Unterdrückung der Gewerkschaftsbewegung zwischen den beiden Weltkriegen mögen genauso stark dazu beigetragen haben wie die aus dem Konfuzianismus herrührende Verpflichtung des einzelnen, sich in die existierende Hierarchie einzufügen, daß in Japan ein Klassenbewußtsein, eine moderne Arbeiterklasse nicht entstand. Die Betriebe stellen auch nicht „Arbeiter" ein, sie holen sich von Schulen oder Universitäten Absolventen, die dann von ihnen ausgebildet werden, bei Personalüberschuß in einem Teilbereich auch umgeschult werden für den Einsatz in einem anderen Werkszweig, in einer Tochterfirma.

In Japan, Gesamtbevölkerung fast 120 Millionen, arbeiten etwa 54 Millionen Menschen, davon knapp 39 Millionen als Arbeitnehmer. Von diesen Arbeitnehmern ist etwa ein Drittel gewerkschaftlich organisiert, das heißt, es gehört Betrieben an, in denen eine Gewerkschaft existiert – normalerweise wird eine neu eingestellte Arbeitskraft automatisch auch Gewerkschaftsmitglied. Die anderen sind nicht organisiert. Sie sind der ökonomische Puffer, der Japan zu einer der bedeutendsten Wirtschaftsmächte hat werden lassen. Denn bei Rezessionen geht es ihnen an den Kragen, nicht den „auf Lebenszeit" eingestellten Angehörigen großer Konzerne, die höchstens umgeschult werden.

In solchen Zeiten verlieren die Arbeiter – vornehmlich in kleinen Zuliefererbetrieben für die Wirtschaftsgiganten – ihren Arbeitsplatz, müssen sich nach einer anderen Erwerbsquelle umsehen. Auch in Zeiten wirtschaftlicher Prosperität ist ihr Einkommen bis zu vierzig Prozent geringer als das der „geadelten" Kollegen; das „Pensionsalter" beginnt früher, ihre Abfindung ist kleiner; falls sie keinen „Altersberuf" finden sollten und auch keine nennenswerten Ersparnisse ihr eigen nennen, ist es für ehemalige Angehörige kleinerer Unternehmen oder für „kleine" Selbständige schwer, mit der geringen Rente ihren Lebensunterhalt zu bestreiten. Die Zahl der „Selbständigen" ist groß, das Verhältnis zu unselbständigen Erwerbstätigen beträgt in Japan zwei zu drei, in der Bundesrepublik etwa zwei zu acht.

Doch in Japan, das rasch von der bäuerlichen in die Industriegesellschaft gesprungen ist, gilt immer noch die traditionelle Verpflichtung der jungen Generation für den Unterhalt der Eltern im Alter – ein Anachronismus angesichts kleiner Wohnungen, starker finanzieller Belastungen der „Jungen", die teure Schulkosten für ihre eigenen Zöglinge aufbringen müssen; und der Staat, der sich erst seit kurzer Zeit um eine ausgeglichene Sozialfürsorge kümmert, gewährt vorerst keine ausreichende Hilfe. Die benachteiligte Mehrheit japanischer Arbeitnehmer arbeitet außerdem länger als ihre privilegierten Kollegen: In den großen Konzernen wird zum Teil nur noch 2000 Stunden im Jahr gearbeitet, in den kleinen Hinterhoffabriken oft zweihundert Stunden mehr (Vergleichszahl für die Bundesrepublik: im Durchschnitt etwas mehr als 1700 Stunden). Die Mobilität der Angestellten kleiner japanischer Betriebe ist höher als in Deutschland.

Doch der schon über dreißig Jahre währende Frieden im Umgang zwischen japanischen Arbeitgebern und Arbeitnehmern droht zur Neige zu gehen. Zu viele Unwägbarkeiten lassen den japanischen Gehaltsempfänger an seiner Zukunft zweifeln. Nicht die vielgepriesenen Roboter machen ihm Angst, wenn sich auch in der japanischen Öffentlichkeit die Überzeugung durchsetzt, daß solche nützlichen Helfer bei der Verrichtung menschenunwürdiger Arbeiten irgendwann auch die Arbeitslosigkeit erhöhen werden. (Sie beträgt offiziell über zwei Prozent – legt man deutsche Erfassungsmaßstäbe zugrunde, ist sie etwa doppelt so hoch.)

Mehr Kopfzerbrechen bereitet den Japanern die in ihrem Lande inzwischen üblich gewordene hohe Lebenserwartung (über 73 Jahre für Männer, fast 79 Jahre für Frauen): Statistiker sagen, daß sich bis zum Jahre 2000 die Belastung des einzelnen japanischen Versicherten für das Aufkommen der Altersversorgung etwa verdreifachen werde. Für Sozialversicherungsbeiträge werden gegenwärtig mehr als zehn Prozent des Einkommens der Beschäftigten ausgegeben. Im Jahre 2000 werden dafür über achtzehn Prozent verwandt werden, wie heute in der Bundesrepublik Deutschland. Diese Schätzungen stammen von einer Vereinigung japanischer Unternehmer (Nikkeiren). Dennoch ist unbestritten, daß sich Japan in den kommenden Jahren mehr der alt gewordenen Bevölkerung annehmen muß – auch um das Vertrauen jüngerer

Arbeitnehmer zu erhalten, im Alter wenigstens finanziell als vollwertige Mitglieder der Gesellschaft behandelt zu werden. Dies wird viel Geld kosten.

Es ist möglich, daß der rasch fortschreitende Alterungsprozeß in Japan etwas bewirken könnte, was der japanischen Gewerkschaftsbewegung bislang wegen historischer Gegebenheiten nicht beschieden war: eine größere Einheit. Denn die Forderungen nach mehr Urlaub – in Japan beträgt der gesetzlich festgelegte Mindesturlaub sechs Arbeitstage – oder nach einer substantiellen Lohnerhöhung zur Ankurbelung des Inlandmarktes und damit zur Verringerung der wegen hoher Handelsüberschüsse mit anderen Ländern entstandenen Friktionen lassen sich immer noch beim „Frühjahrssturm“ an Tausenden von Verhandlungstischen mit den Vorstellungen der Betriebsleitungen in Einklang bringen. Die Überalterung jedoch – bis zum Jahre 2000 wird nach Schätzung des Gesundheitsministeriums fast eine Verdoppelung der Anzahl der über 65 Jahre alten Japaner auf etwa zwanzig Millionen Menschen erwartet – erfordert eine über kleine Fabriken hinausgehende nationale Anstrengung.

Und Regierung oder Industrie zeigen wenig Bereitschaft, das staatliche Sozialsystem auszubauen, sondern appellieren vielmehr an die traditionelle japanische Tugend der Selbsthilfe auf Familien- und Gemeinschaftsbasis. Schon heute macht sich selbst in großen Betrieben Unruhe breit, da das Senioritätsprinzip ganz allmählich durch leistungsorientierte Bezahlung abgelöst werden soll. Manche Männer und Frauen, die Japan nach dem Krieg aus den Trümmern wiederaufgebaut haben, die jetzt etwa 55 bis 60 Jahre alt sind, die unter großen Opfern ihre Kinder durch die teure Ausbildung geschleust haben, sehen sich plötzlich nicht mehr als geehrte und gehegte ältere Menschen, sondern als betrogene Generation.

Strapazierte Jugend

Ein vierzehn Jahre alter Junge hat ein elf Jahre altes Mädchen erstochen. Der Polizei sagte er, Lehrer seiner staatlichen

Mittelschule und die Mutter hätten ihn wegen schlechter Noten getadelt; am Tag der Tat habe er sich mit seiner Schwester über das Fernsehprogramm gestritten. Um seinen Ärger loszuwerden, sei er mit dem Messer auf die Straße gerannt und habe auf das Mädchen, daß gerade des Weges kam, eingestochen.

Dies trug sich in der Stadt Kashiwa in der japanischen Präfektur Chiba an einem Sonntagvormittag zu. Es ist eine außergewöhnliche Tat, aber beileibe nicht die einzige in den vergangenen Monaten, die deutlich macht, daß mit der japanischen Jugend „etwas nicht stimmt". Wir erinnern uns an einen Jugendlichen, der seine Eltern mit einem Golf-Schläger erschlug; Berichte über Prügel, die Lehrer von ihren Schülern beziehen, sind nicht selten zu hören. Dies sind Einzelfälle, sicherlich, die in der japanischen Öffentlichleit großes Interesse erregen. Man fragt nach den Ursachen für derartige psychische Explosionen, auch wird nach mehr Zucht in den Lehranstalten gerufen. Zwei Gründe für diese Brutalitäten scheinen plausibel zu sein: vor allem das menschenverachtende japanische Schulsystem und ein wenig auch die häufige Abwesenheit der Väter von ihren Familien.

Freundlich werden die Kinder im zarten Alter, vier Jahre mögen sie sein, von den Müttern in den „richtigen" Kindergarten gestupst, dessen „Diplom" nach drei Jahren möglicherweise zur Aufnahme in der „richtigen" Grundschule berechtigt. Die Kinder werden gehätschelt, gehegt – und wenn sie einmal nicht im Kindergarten erscheinen, wird ihnen das kleine Märkchen, das für jeden Tag Anwesenheit in ein Büchlein geklebt wird, vorenthalten – egal, ob vierzig Grad Fieber, ein Todesfall in der Familie oder gar Unlust der Grund für derartiges Versäumnis sind. Ist die Zahl der Versäumnisse zu groß, wird dem Kind zu Beginn der Ferien nicht der „goldene Pandabär" oder eine ähnliche Auszeichnung eingeklebt – traurig und beschämt schaut es auf den weißen Fleck im Anwesenheitsbüchlein, die Kindergärtnerinnen lächeln süßlich. Die Eltern knirschen mit den Zähnen.

Die meisten der Kindergarten-Absolventen wechseln über in eine kostenlose staatliche Grundschule, „glücklichere" Kinder schaffen – dank des gefüllten Geldbeutels der Eltern und der bereits genossenen Ausbildung im Elite-Kindergarten – den Sprung in die private Grundschule. Neun Jahre beträgt die Schulpflicht in Japan, sechs Jahre in der Grundschule, drei Jahre in der unteren Mittelschule. Doch neun von zehn Schülern wechseln danach über in die noch einmal drei Jahre dauernde, zu zahlende obere Mittelschule; und da empfiehlt es sich nach der Ansicht der meisten Eltern, schon vorher eine Privatschule zu besuchen – in den staatlichen ist angeblich der Grad der Brutalität erschreckend. Außerdem sind die Chancen, in eine der besten Universitäten – möglichst die To-Dai, die Tokio-Universität – aufgenommen zu werden, für einen „Privaten" besser als für den Konkurrenten von der staatlichen Institution. Die Schüler lernen von morgens bis zum Nachmittag in ihren Schulen, viele fahren danach zu einem Paukstudio, in dem sie gegen Geld auf Prüfungen für den Universitätseintritt vorbereitet werden. Abends, zu Hause, bereitet die Mutter ein kalorienreiches Mahl, damit der Sohn oder die Tochter bis spät in die Nacht noch Hausaufgaben für den nächsten Tag zustande bringen. Es heißt, japanische Schüler führten ihre Leidensgenossen auf der Welt an, was die Kürze des Schlafs betreffe.

Da manche staatlichen Mittelschulen wegen ihrer angeblich höheren Qualität ein besseres Prestige unter ehrgeizigen Eltern – und das sind in Japan fast alle – besitzen als Schulen etwa in Industriebezirken, versucht man, sein Kind auf eine Schule in „besseren" Vierteln zu schicken. Hierfür ist der Nachweis einer Wohnung in diesem Bezirk nötig. Früher konnte die Adresse eines zufällig dort wohnenden entfernten Verwandten angegeben werden; dies ist heute nicht mehr so einfach. Was tun die erfolgsorientierten Eltern? Sie mieten eine kleine zweite Wohnung in der Nähe der Schule, die sie für ihren Sprößling auserkoren haben. Das kostet Geld. Irgendwann bekommt dies auch der Jugendliche zu spüren, der dann noch tapferer seine Schüleruniform überstreift.

Wer sich schließlich nicht entschieden hat, eine der wenigen „Berufs-Hochschulen" zu besuchen, der wagt den Sprung auf die Universität – immerhin etwa ein Drittel der Absolventen der oberen Mittelschulen. Manche Mutter wird, um ihrem Kind hierbei behilflich zu sein, versuchen, den Prüfungsfragebogen vorzeitig zu erhaschen – durch Bestechung, notfalls auch Diebstahl. Universitätsangestellte können hierbei manchmal behilflich sein – um das Gehalt aufzubessern oder aus Loyalität mit Vätern, die an derselben Hochschule beschäftigt sind oder hier studierten. Vielen ist es nicht gegönnt, die von ihnen avisierte prestigereiche Hochschule – die später Anstellung in Ministerien oder in der Großindustrie sichert – zu erreichen. Aber sie geben die Hoffnung nicht auf; daher die große Zahl der Ronin, der „treibenden Menschen“, der herrenlosen Samurai, die ein oder zwei Jahre lang Vorbereitungsschulen besuchen, um dann noch einmal den Anlauf für die auserkorene Universität zu wagen.

Die Abwesenheit der Väter: Es soll hier nicht jenen das Wort geredet werden, die Müttern allein die Erziehung von Kindern nicht zutrauen. Aber die japanische Mutter in ihrer Güte, die behutsam, bestimmend zur Leistung anspornt, die den Kindern alles verzeiht, solange das Ziel, die Universität, nicht aus den Augen gerät – eine solche Frau ist kein ebenbürtiges Gegenüber für einen jungen Japaner, der während der Pubertät Selbständigkeit von den Eltern, also von der Mutter, probieren will. Denn den Vater bekommen die Kinder in Japan selten zu sehen, vielleicht einmal am Sonntag oder spät abends, wenn er von Saufgelagen, an denen er als Repräsentant seiner Firma teilnimmt, müde nach Hause zurückkehrt. Den Kindern fehlt die Möglichkeit, sich mit dem Vater – der auch in Japan das strenge Element verkörpert – auseinanderzusetzen.

Aber Auseinandersetzung muß sein. Seltsamerweise wird die Möglichkeit hierzu aber den jungen Japanern auch anderswo schwergemacht: Schlägereien zwischen Mitgliedern zweier Baseball-Mannschaften, die Knüppel oder Fäuste schwingen, finden hier in Japan nationales Interesse und erwecken nationale Empörung. Zu Recht wird in Japan die „Kriminalisierung“ der jungen Menschen kritisiert, die beim Griff nach dem Apfel in Nachbars Garten schon als gefährdet eingestuft werden. Und so suchen manche Jugendliche im Geschwindigkeitsrausch auf Motorrädern aus diesen drückenden Verhältnissen auszubrechen, schlagen Lehrer, Eltern oder – um zum Anfang zurückzukehren: einer schwingt plötzlich das Messer gegen jemanden, der gerade vorübergeht.

Eine Änderung der Situation im japanischen Bildungswesen ist nicht in Sicht. Die Ministerien, die Konzerne werden sich weiter ihren Nachwuchs aus den „angesehenen“ Universitäten in Tokio oder Kyoto holen – wohl aus der Überzeugung, Absolventen dieser Institutionen hätten bewiesen, daß sie aus reichen Familien stammten, gestählt in mancher Examenshölle. Solches „Material“ ist Basis für die auf Loyalität bauende erfolgreiche Industrie oder die Bürokratie. Nicht, daß ein Personaldirektor eines großen Konzerns behauptete, der Absolvent einer weniger bekannten Universität sei weniger intelligent. Nein, aber er kommt für eine Position in der angesehenen Firma gar nicht erst in Betracht.

Nach dem Krieg ist in Japan wegen rascher Urbanisierung die Kleinfamilie zur Regel geworden. Die Eltern haben in erstaunlichem Maß die Erziehung ihrer Kinder von Vater, Mutter, Großeltern an die staatlichen Schulen und die konkurrierenden privaten Anstalten übertragen. Angesichts der hauptsächlich noch unter den Schulbänken schwelenden Unruhe in der Jugend ist die Forderung nach mehr Autorität laut geworden, nach noch stärkerer Erziehung zur Vaterlandsliebe. Ob jedoch solche Rufe oder mehr „Zucht“ das Zutrauen der Jugend zu den Erwachsenen in Japan stärken, ist zweifelhaft.

Der Henker amtiert noch

In Japan wird die Todesstrafe vollstreckt – durch den Strang in den Städten Tokio, Sendai, Osaka, Fukuoka. Seit dem zweiten Weltkrieg wurden mehr als 550 Menschen dem Henker überantwortet. Japan hat – nicht nur im Vergleich zu Industrienationen, sondern auch zu sogenannten Entwicklungsländern – eine äußerst niedrige Verbrechensrate. Über diese Tatsache täuscht auch nicht der alljährlich veröffentlichte Bericht der nationalen Polizeiagentur hinweg, der kürzlich ein rapides Anwachsen der Kriminalität im Lande feststellt. Dieses jedoch gilt hauptsächlich für Delikte von „Motorradgangs“, für Diebstahl, Raubüberfall und für von Jugendlichen an Lehrern oder Eltern begangene Gewalttaten. Bei Mord hingegen waren die Zahlen rückläufig, die Festnahmequote hier: 97,2 Prozent.

Die auch auf anderen Gebieten eindrucksvolle Aufklärung von Verbrechen in Japan ist nicht allein auf die Effizienz der Polizei zurückzuführen. Vielmehr fällt es Straftätern auf diesen ostasiatischen Inseln schwer, ins Ausland zu entwischen: Daneben ist die auch in größten Städten wirksame dörfliche Neugierde am Treiben der Nachbarn in Tokio sicher größer als etwa in Paris – „abweichendes Verhalten“ fällt rasch auf; schließlich ist die Bereitschaft der Bevölkerung zur Zusammenarbeit mit den Ordnungsmächtigen groß; die Polizei wird in Japan hauptsächlich als Freund und Helfer betrachtet – wie das in einem Land mit einem auf Tradition beruhenden Respekt der Obrigkeit gegenüber zu erwarten ist. Eine der Ursachen für die geringe Zahl der Morde in Japan mag auch zu suchen sein in der strikten Gesetzgebung zum Waffenbesitz und in dem Bemühen der Polizei, der vom organisierten Verbrechen ins Land geschmuggelten Handfeuerwaffen habhaft zu werden.

Warum also besteht in einem Land, in dem die Zahl der Morde – gering schon im Vergleich zu anderen Ländern – abnimmt, die Todesstrafe? Zur Abschreckung? Wenn nun auch erst der Erweis erbracht werden müßte, daß die Aussicht auf die Todesstrafe einen potentiellen Mörder von der Tat abschrecke, so trifft dieses Argument auf Japan nicht zu.

Zum einen sagt das Strafgesetzbuch in Paragraph 199 über Mord: Eine Person, die einen Menschen tötet, werde mit dem Tode bestraft oder mit der lebenslangen Freiheitsstrafe (samt Arbeitszwang) oder mit einer Freiheitsstrafe (samt Arbeitszwang) nicht unter drei Jahren. Außerdem muß der Justizminister die Hinrichtung anordnen. Nach Angaben der Gefangenenhilfsorganisation amnesty international wurden etwa im Jahre 1973 drei Todesurteile vollstreckt, 1974 vier, 1975 siebzehn, 1976 zwölf, 1977 vier, 1978 drei, 1979 eins. Diese krassen Unterschiede sind weniger auf extreme Schwankungen in der Zahl der Gewaltverbrechen zurückzuführen als vielmehr auf die Einstellung der verschiedenen Justizminister zu Sinn oder zu Sinnlosigkeit der Todesstrafe – die Amtszeit eines Ministers ist in Japan normalerweise erheblich kürzer als etwa in der Bundesrepublik Deutschland.

Zum anderen spricht die von den japanischen Behörden bei Informationen über Todesurteile geübte strenge Zurückhaltung nicht für die von manchen Staatsdienern geäußerte Überzeugung, diese Strafe schrecke ab. Die Öffentlichkeit – also auch ein potentieller Mörder – erfährt nichts über Ort und Zeit einer Hinrichtung, erfährt nicht den Namen des Exekutierten – die Verwandten des Gehenkten werden nach der Hinrichtung knapp informiert. Das Justizministerium ist nicht auskunftwillig: Es veröffentlicht allerdings hin und wieder die Zahl der in einer bestimmten Zeit hingerichteten Personen. Daher ist es auch schwierig, die Zahl der Japaner, die sich derzeit in Todeszellen befinden, festzustellen.

Natürlich gibt es auch Japaner, die für die Abschaffung der Todesstrafe sind. Es sollen hier nicht einige Umfrageergebnisse angeführt werden, die Grundlage sein könnten für die Einsicht, daß die Mehrheit der Japaner die Notwendigkeit der Todesstrafe bezweifele. Denn: Am Tage nach einem grauenhaften Mord, der hier mittels einer – mit Verlaub – blutrünstigen Fernseh- und Presseberichterstattung die Urgroßmutter im entferntesten Fischerdörfchen um ihren gesunden Schlaf bringt (den sie eigentlich dank der verhältnismäßig friedfertigen Umstände auf ihren Inseln verdiente), möchte die Stimmung umschlagen. Nein, Rechtsgelehrte haben sich Gedanken gemacht über die Vereinbarkeit der Todesstrafe mit einigen auf diese Strafe anwendbaren Artikeln in der japanischen Nachkriegsverfassung, besonders Artikel 36: „Die Anwendung von Folter durch einen öffentlichen Bediensteten und grausame Strafe sind grundsätzlich verboten."

Ist Erhängen eine grausame Strafe? Paragraph 477 der Strafprozeßordnung sagt: „Die Todesstrafe ist in Gegenwart eines Staatsanwaltes, eines Hilfsbeamten der Staatsanwaltschaft und des Anstaltsleiters oder dessen Vertreters zu vollstrecken." Paragraph 72 des Strafvollzugsgesetzes sagt: „Bei der Vollstreckung der Todesstrafe durch den Strang ist durch Überprüfung der Eintritt des Todes nach dem Erhängen festzustellen. Der Strang darf frühestens fünf Minuten nach der Feststellung des Todes gelöst werden." – Wer überprüft den Eintritt des Todes? Der „Hilfsbeamte" etwa, der – vielleicht – nebenbei auch noch Arzt sein könnte? Warum die Frist von fünf Minuten?

Manche Gruppen in Japan setzen sich vornehmlich ein für eine Verbesserung der Haftbedingungen der Menschen, die zum Tode verurteilt wurden, setzen sich ein für die Umwandlung der Strafen. Dies ist besonders wichtig in einem Land, in dem sich die Angehörigen – fast ohne Ausnahme – von einem Verwandten abwenden, der wegen tatsächlicher oder vermeintlicher Verbrechen oder Vergehen Schande über die gesamte Familie bringt; in einem Land, in dem schon den Verdächtigen die Fernsehkameras bis unter die übers ängstliche Gesicht gezogene Kapuze nachkriechen. Ja, hier vielleicht finden wir das Mittel der Abschreckung, von dem in Japan die Befürworter der Todesstrafe reden – ein zeitgemäßes Mittel. Nur: Diese Abschreckung wird von Kameraleuten und von Reportern – natürlich unter Konkurrenzdruck – vollstreckt, die sich als abschreckendes Beispiel jeden Menschen greifen, der in den Verdacht geraten ist, einen Scheck gefälscht oder seine Familie umgebracht zu haben. Ist die Schuld eines Mörders dann von allen Instanzen, die der Beschuldigte anrufen kann, nach menschlichem Ermessen zweifelsfrei nachgewiesen und hatten auch – mögliche – Anträge auf Wiederaufnahme des Verfahrens, Bitten um Umwandlung der Strafe oder Begnadigung keinen Erfolg, dann wird er – nach Anordnung des Justizministers – gehenkt.

Japan ist ein Land mit vergleichsweise geringer Zahl von Morden; die Todesstrafe scheint als Abschreckungsmittel wenig geeignet zu sein; Töten durch den Strang mag als grausame Strafe gelten: Doch hieraus abzuleiten, japanische Politiker könnten sich zur Abschaffung der Todesstrafe entschließen, das wäre voreilig.

Flüchtlinge nicht willkommen

Von den Indochina-Flüchtlingen in Japan ist etwa die Hälfte in Drittländer, ihre neue Heimat, weitergereist; von den anderen knapp fünftausend Flüchtlingen haben sich dreitausend dafür entschieden, in Japan zu bleiben, eintausendachthundert möchten gerne nach Nordamerika oder Westeuropa.

Eine kleine Begebenheit: in einem Flüchtlingslager im Süden der japanischen Hauptstadt trinken neun Bewohner Sake – Reiswein –; sie feiern das in ihrer Heimat, die sie verlassen haben, wichtigste Fest, das buddhistische Neujahr. Alkoholgenuß ist in dem Lager verboten. Der Direktor des staatlichen Lagers verhängt über die Missetäter Ausgangssperre für einen Monat, auch andere kleine „Disziplinarmaßnahmen“.

Nein, die Indochina-Flüchtlinge werden in Japan nicht mit offenen Armen empfangen – genausowenig wie in anderen Ländern, die mit den Kriegen in Vietnam, Laos und Kambodscha wenig zu tun hatten. Frankreich und die Vereinigten Staaten nahmen bislang die meisten der unglücklichen Menschen aus der Region auf, die sich aus verschiedenen Gründen den ehemaligen Besetzern und Beschützern näher fühlen als den kommunistischen Siegern. Auch Kanada und Australien haben fast so viele Flüchtlinge aus Indochina aufgenommen wie Frankreich. Japan rangiert hinter Italien und Schweden an achtzehnter Stelle unter den Ländern, in denen sich Vietnamesen, Laoten oder Kambodschaner, die ihre Heimat den Rücken kehrten, niederlassen möchten.

Japan ist kein Einwanderungsland. Es hat sich zweihundert Jahre lang abgeschottet gegen Fremdes, vor einhundert Jahren dann dekretiert, daß manche ausländische Einflüsse zum Nutzen der eigenen Wirtschaft und des eigenen Militärs zulässig seien. Europa und ein wenig Nordamerika waren damals gemeint. Nichtjapanische Asiaten und besonders Afrikaner wurden und werden von Japanern – die „Weißen" gegenüber immer noch Minderwertigkeitskomplexe hegen – weiterhin allenfalls als Konsumenten für robuste japanische Produkte oder als Lieferanten von Rohstoffen betrachtet.

Der Großteil der Flüchtlinge, die sich für Japan als zweite Heimat entschieden haben, stammt aus Lagern in Thailand. Dort leben 150 000 „Land-People", die auf Aufnahme in ein Drittland warten. Thailand selbst gewährt ihnen keine permanente Aufenthaltserlaubnis. Vertreter verschiedener Organisationen wählen in den Lagern nun Menschen für einen Aufenthalt in ihrem Land aus. Sie müssen einige Bedingungen erfüllen, zum Beispiel gesund sein. Sie erhalten nach der Ankunft in Japan in staatlichen Zentren mehrere Monate lang Japanisch-Unterricht, werden auf das Leben in der hiesigen Gesellschaft vorbereitet, bei der Arbeits- und Wohnungssuche unterstützt.

Die „Boat-People" hingegen können vor der Ankunft nicht nach ihrer Gesundheit oder ihren Tätigkeiten gefragt werden. Sie erreichen das Land auf Schiffen, die sie auf ihrer Reise nach Japan irgendwo aus dem Südchinesischen Meer gefischt haben. Viele von ihnen sind, wie uns ein Beamter des dem Kabinett unterstellten Büros für Indochina-Flüchtlinge versichert, alt, krank, behindert – und daher womöglich nicht recht erwünscht. Sie leben erst einmal im Flüchtlingsaufnahmelager in Omura nahe Nagasaki, im Durchschnitt ein Jahr. Sie werden auf ihre Gesundheit untersucht und von Beamten des Flüchtlingshochkommissariats der Vereinten Nationen, das das Lager gemeinsam mit dem Justizministerium unterhält, nach ihren weiteren Wünschen gefragt. Die meisten möchten in die Vereinigten Staaten oder nach Europa auswandern. Das japanische Rote Kreuz und verschiedene religiöse Institutionen wie Caritas Japan oder buddhistische Organisationen betreuen sie später.

Ein Vertreter des Roten Kreuzes, das sich um „Boat-People" kümmert, beschreibt uns deren Schwierigkeiten. Viele haben noch den Traum, in anderen Ländern aufgenommen zu werden, in denen schon Verwandte leben oder die bereits eine große vietnamesische Gemeinde beherbergen. Doch die Drittländer lassen nur noch Flüchtlinge einreisen, die zu engen Familienangehörigen – Eltern, Kindern oder Geschwistern – möchten. Das trifft für die meisten hier nicht zu. Da sie jedoch weiter an ihrem „Traum" festhalten, bemühen sie sich auch nicht recht, sich in die japanische Gesellschaft zu integrieren.

Das ist ohnehin schwierig, besonders für Menschen, die gerne mit kindlichem Vergnügen ausgelassen feiern. Die kommen schon einmal überquer mit dem japanischen Leiter eines Flüchtlingszentrums – nicht, weil er noch bierernster als die meisten seiner Landsleute wäre. Nein, die Einstellung der Japaner gegenüber Flüchtlingen – zumal Flüchtlingen, die zum größeren Teil ähnlich wie Japaner aussehen – ist eine wichtige Ursache für die Schwierigkeiten der Vietnamesen, Kambodschaner und Laoten hier. Für viele Japaner schmeckt das Wort Flüchtling nach Fahnenflüchtigem. Hätte er nicht auch in Vietnam mit ein wenig Anpassungswillen halbwegs vernünftig weiterleben können, ohne gleich um sein Leben fürchten zu müssen? Sind nicht die meisten Neuankömmlinge Menschen, die nur danach fragen, wo sie am meisten verdienen können? Fallen sie nicht anderen zur Last, die nun Lager einrichten müssen für „Boat-People", Dolmetscher bezahlen, auch als international bekannte Wirtschaftsmacht wenigstens eine Anzahl „Land-People" ins Land holen müssen?

Nun gut. Dann sollen sie werden wie wir. Dies von einem

„Weißen“ oder „Schwarzen“ zu verlangen, wäre aus offensichtlichen Gründen unsinnig. Einem Vietnamesen aber ist es zuzumuten. Er soll die Sprache lernen, das ist wichtig und richtig. Er muß aber auch begreifen, daß der einzelne sich der Gruppe, der Gemeinschaft, einem „Ganzen“ unterzuordnen hat. Dafür ist Disziplin vonnöten. Der Disziplinarherr in Gestalt des Lagerleiters erlegt dem Flüchtling Regeln auf – unter keinen Umständen etwa Alkohol zu sich zu nehmen, auch nicht an hohen Feiertagen. Zwar tun das die Japaner auch an niederen Feiertagen oder an jedem beliebigen Abend. Aber japanische Behördenmenschen haben festgestellt, daß ein in den Flüchtlingszentren vorhandener Hang zur Gewalttätigkeit nach Alkoholgenuß zunimmt. Ob dies am Lagerdasein, am Alkohol oder am mangelnden Entgegenkommen der Behörden auf die Eigenheiten ihrer Schutzbefohlenen zurückzuführen ist, haben sie nicht festgestellt.

In genanntem Lager in Shinagawa erhalten Flüchtlinge über zwölf Jahre täglich einhundert Yen Taschengeld, das sind etwa eine Mark, Kinder die Hälfte. Freiwilligengruppen steuern auch etwas bei, manche Flüchtlinge haben sogar eigenes Geld mitgebracht. Wir wollen nicht darüber rechten, ob und wie ein mittelloser Flüchtling, der Verpflegung, Unterkunft, Sprachausbildung und medizinische Versorgung frei erhält, mit einhundert Yen – eine Morgenzeitung kostet siebzig Yen, ein Apfel einhundert – in seiner Wahlheimat-Zwangsheimat auch noch das Wirtschaften lernen soll.

Nicht nur die insular bedingte Selbstbeschränkung Japans ist Ursache dafür, daß „Fremdes“, Unpassendes abgestoßen wird. Man hat hier nie viel übrig gehabt für „Verlierer“ – für die Schwachen also: für Alte, Gebrechliche, Kranke, Dauer-Ausländer. Bei schwindenden Ressourcen mußten die „nützlichen“ Mitglieder der Gesellschaft erst einmal versorgt werden. Dies prägt auch heute noch die Mentalität vieler Japaner, obwohl ihr Land inzwischen zu den erfolgreichsten Wirtschaftsnationen der Welt gehört. „Aber bewegen wir uns nicht auf dünnem Eis, zwischen zwei Supermächten und vielen neidischen Konkurrenten? Sind wir nicht allzu abhängig von ausländischen Rohstoffen?“ Richtig. Diese Einsicht sollte allerdings intensivere Anteilnahme an den politischen Gegebenheiten in anderen Weltgegenden bewirken.

Eng und teuer wohnen

In einer ruhigen Gegend im Südwesten Tokios wird ein neuerbautes Haus zum Verkauf angeboten. Fläche des Grundstücks: 77,92 Quadratmeter, Bodenfläche des zweistöckigen Hauses: 100,84 Qudratmeter, Preis: 835 000 Mark. Ein paar Straßen weiter, am Bahnhof, steht in einem zwölf Jahre alten – alt für hiesige Verhältnisse – zwölf Stockwerke hohen Gebäude eine Wohnung frei, 41 Quadratmeter groß; bei Anzahlung von 35 000 Mark und monatlicher Zahlung von 1375 Mark darf man das schmucke Appartement mit den drei Mini-Zimmern nach zwanzig Jahren sein eigen nennen. Nähe des Hauses zum Nachbarn: knapp zwei Meter; Nähe des Appartements zur vielbefahrenen S-Bahn-Strecke: zehn Meter.

Dies sind beileibe keine extremen Beispiele für das größte Übel, das den Bewohnern japanischer Großstädte die Lebensfreude vergällt. Das Wort eines Europäers, die Japaner lebten in „Karnickelställen", hat viele Menschen hier vor den Kopf gestoßen; vor allem wohl aus Entrüstung darüber, daß ein Gast des Landes ohne viel Umschweife zur Sache kommt. Ein japanischer Kenner der Wohnsituation seiner Landsleute hält diese Kennzeichnung für unangebracht. Professor Hayakawa, Begründer des „Rats für japanisches Wohnen", meint, die meisten Japaner lebten nicht in Kaninchenställen, sondern in Rattenlöchern. Das mag überspitzt ausgedrückt sein. Aber Hayakawa verweist auf die Enge der Wohnungen, auf die Schwierigkeiten älterer Leute, bei ihren Kindern oder in lebenswürdigen Altersheimen unterzukommen, auf die vielen Häuser – nach seinen Angaben mehr als die Hälfte in Japan –, deren Toiletten immer noch nicht an öffentliche Abwasseranlagen angeschlossen sind. Ein Beweis für die partielle Rückständigkeit dieser ansonsten herausragenden Industrienation sind die kleinen Lastwagen mit den grünen Tanks und den viele Meter langen Schläuchen; sie pumpen die Sammelbehälter unter den Häuschen leer; dies in „reichen" wie in „armen" Wohngegenden der Großstädte.

Bebaubarer Boden ist in diesem von steilen Gebirgen bestimmten Land rar. Die Grundstückspreise – besonders in Tokio, einer der teuersten Städte der Welt – sind abschrekkend. Dennoch streben die meisten Japaner nach einem Eigenheim, aus Tradition und wirtschaftlicher Einsicht: Wer soll denn im Alter mit der gering bemessenen Versorgung noch das Geld aufbringen können für eine Miete? Der von der Industrialisierung beschleunigte Trend zur städtischen Kleinfamilie, die dem hier immer noch gültigen konfuzianischen Ideal von „drei Generationen unter einem Dach“ kaum noch Raum läßt, verunsichert die alten Japaner; ihr Anteil an der Bevölkerung wird in etwa dreißig Jahren so hoch sein wie in der Bundesrepublik. Eigenheim aber bedeutet für die meisten Japaner immer noch ein ein- oder zweigeschossiges Haus auf eigenem Grund. Eigentumswohnungen in größeren Wohnanlagen werden nicht als adäquates „Heim“ betrachtet. Hierfür ist wieder bäuerliche Tradition ausschlaggebend, aber auch die Furcht vieler Japaner vor den jährlichen schweren Erdbeben. Lieber bei einem schlimmen Beben aus der eigenen Hütte auf die Straße stürzen als den Beschwichtigungen begnadeter Architekten vertrauen, daß auch bei Stärke sieben noch die Wohnung im fünfzehnten Stock dank moderner Konstruktionsweise sicher, der Weg nach unten über die in allen modernen Hochhäusern eingebaute Katastrophen-Stahltreppe begehbar sei.

Die Japaner bleiben bodenständig. Sie streben nach einem eigenen Stück Grund, und sie wollen nicht allzu weit davon entfernt – drei Meter höher vielleicht – ihr Haupt zur Ruhe betten. Die Folge für die Bewohner der großen Städte: Die müssen in die noch nicht zugebauten, noch nicht von Reis-, Obst- oder Gemüsebau beanspruchten Flächen in den wenigen Ebenen ausweichen. Dort ist das Land nicht so teuer wie zum Beispiel in Tokio, wo für einen Quadratmeter Land bis zu vierzigtausend Mark gezahlt werden. Doch die Flucht hinweg aus den Zentren der Städte hat ihren Preis. In der Gegend Tokio/Yokohama benötigt ein Drittel der Beschäftigten schon länger als eine Stunde, um zum Arbeitsplatz zu gelangen, die Tendenz steigt. Weniger Zeit braucht man in den Ballungsgebieten um Nagoya oder Kyoto/Osaka, doch die Tendenz steigt auch dort – dies trotz der hervorragend organisierten Schienenverkehrsmittel.

Ob die Japaner in „Karnickelställen“ leben, müssen sie selbst feststellen. Sie neigen, dies ist unbestritten, zur Miniaturisierung. Die Bonsai-Bäumchen, ihre Fähigkeit, aus einem

Zimmer- einen Taschen-Computer zu zaubern, beweisen diese Kunst. Ob sie allerdings auf Dauer Freude an ihren puppenstubenähnlichen Wohnungen haben werden, ist zu bezweifeln. Denn die jüngere Generation wächst ihren Eltern schon körperlich über den Kopf, Jahrtausende alte Tugenden, etwa das Alter zu achten, werden weggerissen von dem Strom, der Innovation heißt. Anpassungen an Neuerungen aus dem Ausland, Aufgabe von Bewährtem erscheint plötzlich vonnöten. Den bedachten, in der Verneigung geübten, bislang ihres Altenteils sicheren Japanern dräut eine maßlose, eine beengte Zeit.

Die Luft von Tokio

Nein, Tokio ist nicht die schmutzigste Stadt der Welt. Sollte jemand ein solches Märchen verbreiten, dann war er vielleicht zum letzten Mal vor zehn Jahren in der japanischen Metropole; oder es widerfuhr ihm das Mißgeschick, auf seiner Reise in drei Wochen um die Erde bei dem Kurzaufenthalt in Tokio in einen der seltenen Smogs geraten zu sein. Vor zehn Jahren schmeckten die Tokioter noch häufig auf ihren von Sashimi verwöhnten Zungen den Auswurf der Schlote in Kawasaki, Chiba, aus den Industriegegenden Tokios, die Kohlenwasserstoffe und Schwefeldioxyd ausspuckten, fühlten in ihren Lungenspitzen das Stickoxyd und Kohlenmonoxyd der Lastkraftwagen, Personenautos und Motorräder.

Diese Zeiten sind vorüber – und das ist erstaunlich. Denn innerhalb der vergangenen fünfzehn Jahre hat sich die Anzahl der in Tokio angemeldeten Automobile verdreifacht – auf jetzt mehr als drei Millionen Kraftfahrzeuge; Tokio beherbergt auf über 2000 Quadratkilometern heute knapp zwölf Millionen Menschen, über zehn Prozent der gesamten Bevölkerung Japans; zwar ist Tokio das Zentrum der Handelshäuser, Banken und Dienstleistungsunternehmen, doch die Zahl kleinster Industrieunternehmen, auch inmitten von Wohngemeinden, Elektrizitätswerke, Heizungen, die Mammutindustrien in den an Tokio angrenzenden Räumen pflegen der Sauberkeit der Luft abträglich zu sein. Und die japanische

Hauptstadt ist nicht – wie andere Siedlungen – gesegnet mit großzügigen Parks, die einen Teil der dem Menschen schädlichen Stoffe neutralisieren können. Zwar liegen im Herzen Tokios der der Öffentlichkeit nicht zugängliche Kaiserpalast, der kaiserliche Aoyama-Palast, der ausgedehnte Park um den Meijischrein herum, in dem sich die Tokioter am Wochenende ballspielend und tanzend tummeln, aber was ist das schon. In London etwa verfügt jeder Bürger – wenigstens statistisch – über mehr als dreißig Quadratmeter Parkfläche, in New York über knapp zwanzig, in Tokio über etwa zwei.

Und dennoch läßt es sich heute in dieser größten Stadt der Welt einigermaßen frei atmen. Wie kommt's? – Im und nach dem ersten Weltkrieg erlebte die Region um die Tokio-Bucht – die Hauptstadt selbst sowie Chiba und Yokohama – eine stürmische industrielle Entwicklung, innerhalb weniger Jahre steigerte sich die industrielle Produktion um das Fünffache; Bauern zogen in die Stadt, kleine Fabriken etablierten sich in Wohngebieten, Gewässer und die Luft wurden verschmutzt, Fischer am Sumida- und am Tama-Fluß beklagten sich erstmals über zurückgehende Fänge, umfangreiche Entnahme von Grundwasser führte zu Landsenkungen, die Gebiete wurden bei Taifunen überschwemmt. Solche „Begleiterscheinungen" des Aufbruchs in ein neues Zeitalter alarmierten nur wenige. Dennoch: Ende der zwanziger Jahre wurde in Tokio bereits die Luftverschmutzung untersucht, auch mit verschiedenen Arten der Eindämmung von Rauch experimentiert. Der militärische Expansionsdrang Japans in den dreißiger Jahren jedoch ließ wenig Raum für Überlegungen, wie denn das Wohlergehen der Bevölkerung verbessert werden könnte – die Kriegsmaschine wollte gefüttert werden.

Um das Jahr 1960 begannen viele Betriebe, ihre Energiequelle umzustellen: von Kohle auf Öl. Blickten die Menschen bisher voller Gram gegen einen rußgeschwärzten Himmel, so drohte ihnen nun eine weitaus gefährlichere Wolke über Tokio: Schwefeldioxyd und Kohlenmonoxyd – die Fabriken verbrannten das an Schwefel reiche Öl aus dem Nahen Osten, die wachsende Zahl von Autos steuerte den Rest bei. Die Bürger schlugen Krach. Die Behörden begannen, sich zu kümmern. Die Luft war so verschmutzt, daß die Leute hin und wieder rotäugig und keuchend zur Arbeit erschienen – und das nicht nur wegen ausgiebiger Sake-Gelage in der Nacht zuvor. Nein, Schwefeldioxyd, Stickoxyde, Kohlenmonoxyd und auch Kohlenwasserstoffe in der Luft der japanischen Hauptstadt machten das Atmen zur Qual, verminderten die Lebens- und Arbeitsfreude der Bevölkerung.

Auch lernten die Japaner in den Ballungsgebieten damals ein Wort zu verachten, das den „Höhepunkt" des industriellen Zeitalters signalisierte: photochemischer Smog; er entsteht, wenn sich Stickoxyd und Kohlenwasserstoffe unter Einwirkung der ultravioletten Strahlen des Sonnenlichtes zu einem die Konturen der Hochhäuser verhüllenden schwebenden bräunlichen Dunst verbinden. Das passiert vornehmlich zur Mittagszeit im Sommer, bei Temperaturen über zwanzig Grad, bei schwachen südlichen Winden, die den am Rande der Tokio-Bucht in die Luft geblasenen Schmutz sanft gegen die von Bergen umgebene Ebene, in der die Hauptstadt liegt, drücken.

Der photochemische Smog in Tokio ist noch nicht beseitigt worden, nicht ganz, aber viele andere in der Luft schwebende Ärgernisse wurden stark eingeschränkt. Noch bevor die japanische Regierung der Umweltverschmutzung zu Leibe rückte, verfügte die Regierung der Hauptstadt eine Reihe von Maßnahmen zur Verbesserung der „Lebensqualität" in Tokio. So wurde ein Gesetz erlassen, das den Neubau von Fabriken, die eine gewisse Größe überschreiten, in der Stadt verbietet – zur „Metropole Tokio" gehören neben dem eigentlichen Stadtgebiet noch die weniger stark besiedelte Tama-Region im Westen und die südlich Tokios im Pazifik gelegenen Izu- und Ogasawara-Inseln. Die Stadt baute eine „Umweltschutzbehörde" auf, eigenständige Kontrollinstitutionen existieren auch in den verschiedenen Stadtbezirken, ein „Umweltschutzrat" – in dem sich Vertreter Tokios und der drei angrenzenden Präfekturen treffen – tauscht Informationen aus und diskutiert Kontrollmaßnahmen. 1971 errichtete die nationale Regierung dann die „Umwelt-Agentur", die geleitet wird von einem Staatsminister; sie ist zuständig für die Festsetzung von Richtlinien für Umweltbelastung, auch für die Neufassung von entsprechenden Gesetzen.

Herr Matsumori, Leiter der Abteilung für Luftüberwachung im Tokioter Umweltschutzamt, erklärte uns, seit der Aufstellung von Richtlinien für Emissionen im Jahre 1973 sei die Belastung durch Schwefeldioxyd und Kohlenmonoxyd erheblich verringert worden. Dies ist hauptsächlich zurückzuführen auf die Installation von „Staubfängern", Entschwefelungsanlagen bei „festen" Emissionsquellen, als da sind: Industrie, Kraftwerke, Raffinerien, Müllverbrennungsanlagen und Heiz- oder Kühlsysteme. Die Industrie investierte erhebliche Summen in den Umweltschutz, unterstützt durch staatliche Begleitmaßnahmen.

Mit ähnlich erfreulicher Mitteilung kann Herr Matsumori für die Belastung durch Stickoxyde, die ja Mitverursacher des photochemischen Smogs sind, leider nicht aufwarten – und dies trotz strenger Abgasbestimmungen für japanische Personenkraftwagen. Vielmehr ist der Teil der Stickoxyde in der Tokioter Luft in den vergangenen Jahren leicht angestiegen. Er kann die Werte im „Kontrollzentrum für Luftverschmutzung" abfragen, das 1969 von der Regierung eingerichtet worden ist. Dort laufen Informationen über die wichtigsten Giftstoffe zu sammen, die in 66 Monitor-Stellen überall in der Stadt gemessen werden. Hier wird festgestellt, wann etwa die Bevölkerung vor einem photochemischen Smog gewarnt werden muß: wenn die in der Luft enthaltenen Oxydationsteilchen mehr als 0,12 ppm (part per million) betragen: Alarm bei 0,24 ppm und besonderer Alarm bei 0,4 ppm. Die Behörde empfiehlt bei Warnung folgende Maßnahmen: Wer Irritationen in Augen oder Kehle fühlt, soll sich die Augen auswaschen, gurgeln und sich beim nächsten Gesundheitszentrum einfinden. Schulen und Kindergärten sollten Aktivitäten im Freien einstellen, Fabriken und Werkstätten sollen den Ausstoß von Schadstoffen um zwanzig Prozent vermindern, Autos sollten möglichst nicht benutzt werden. Herr Matsumori sagt, die Kooperation mit den Fabriken funktioniere.

Um jedoch dieses Smogs Herr zu werden, reichen die schon strengen japanischen Abgasbestimmungen allein nicht aus. Auf der meistbefahrenen Straße Tokios, der siebten Ringstraße, an der Ohara-Kreuzung, quälen sich täglich Zehntausende von Autos und Motorrädern über den Asphalt – im Schrittempo. Das ist kein Wunder, stehen doch jedem von den mehr als drei Millionen in Tokio angemeldeten Autos nur sieben Meter Straße zur Verfügung. Zwar sind über sechzig Prozent der Automobile Privatfahrzeuge, aber Taxis und Lastwagen fahren drei Viertel der Streckenkilometer: Die Stadt ist in hohem Maße von diesen Transportmitteln, die

Nahrungsmittel und andere Güter bis in die kleinsten Sträßchen bringen, abhängig. Allerdings existiert in Japan ein Gesamt-Verkehrswege-Plan – wie etwa in der Bundesrepublik – nicht, der die Verkehrsmittel nach Kosten, Schnelligkeit und Umweltbelastung bewertet.

Der zeitweise stehende „Verkehr" auf den Straßen Tokios trägt erheblich – trotz strenger Abgasbestimmungen – zur Luftverschmutzung in der Stadt bei. Der Wissenschaftsrat der Deutschen Botschaft in Tokio, Dr. von Krosigk, erläuterte uns, warum das so ist: Normalerweise ist der Hauptausstoß von Schadstoffen bei Motoren am größten im Leerlauf, ein Teil des Gases wird unverbrannt ins Freie geleitet. Autos könnten abgasärmer und wirtschaftlicher fahren, würde ein Tempo zwischen 60 und 80 Kilometern in der Stunde eingehalten. Zwar ist die Polizei in Tokio technisch, durch den Einsatz von Computern, dazu in der Lage, auf den größeren Straßen eine „grüne Welle" für einen besseren Verkehrsfluß zu schaffen, auch durch verkehrsabhängige Ampeln zur Entflechtung der Hauptverkehrsströme beizutragen. Aber sie bedient sich dieser Mittel nicht. Ein häufig zu hörendes Argument lautet, bei derartigen Geschwindigkeiten nehme die Zahl der Unfälle zu. – Wir vermuten jedoch, daß ein anderer, allzu menschlicher Grund Ursache ist für widersinnig geschaltete Ampeln: Die örtlichen Polizeistationen mögen sich nicht ihrer Verfügungsgewalt über dieses Werkzeug zur „Disziplinierung" der Autofahrer begeben, ein Werkzeug, das das Selbstwertgefühl eines Polizeibeamten ohne weiteres stärken kann. Von Krosigk hält auch die Befürchtung, eine vermehrte Verwendung von mit Gas betriebenen Automobilen gefährde die Sicherheit der Bevölkerung, nicht für stichhaltig. – Alle Taxis in Tokio fahren mit Flüssiggas. – Zwar sei diese Einstellung angesichts der teilwise unprofessionell angebrachten Gas-Installationen in japanischen Häusern verständlich, aber Angst beim Umgang mit Flüssiggas sei sachlich nicht zu rechtfertigen. Auch in Deutschland gebe es mit Gas betriebene Fahrzeuge, die vom Technischen Überwachungsverein zugelassen worden seien.

Die japanische Regierung, so von Krosigk, hat sich bisher darauf konzentriert, bei mit Benzinmotoren betriebenen Lastkraftwagen die Abgase zu verringern, doch nun richtet sich das Augenmerk allmählich auf Diesel-Lkw; die derzeit vorgeschriebenen Werte seien strenger als etwa in der Bundesrepublik. – Auch sei für eine Senkung der Luftverschmutzung die Verminderung der Schadstoffe im Treibstoff – wie bisher nur angewandt bei „festen" Emissionsquellen – hilfreich. Doch er ist überzeugt, daß die Japaner auch hier wie in den vergangenen Jahren der Verschmutzung ihrer Luft energisch zu Leibe rücken: Die Bevölkerung kämpfe jetzt für den Umweltschutz. Auch das Durchsetzungsvermögen der verschiedenen Präfektur-Regierungen, die nicht allein auf den guten Willen der Industrie bauten, sei gewachsen. Die Japaner, so sagt der Wissenschaftsrat, suchten, nachdem sie die Probleme kennen, nach einer pragmatischen Lösung, die Deutschen hingegen kämpften erst einmal um eine grundsätzliche Lösung ihrer Probleme, der dann eine Adaption an die Praxis folge.

Nein, die schmutzigste Stadt der Welt ist Tokio nicht. Doch eine verbesserte Qualität der Luft allein macht den Stadtmenschen noch nicht frei. Immer noch behelligen ihn Lärm, Gestank, Verschmutzung der Gewässer, enge Wohnungen; nach wie vor alarmieren von Zeit zu Zeit Nachrichten über verseuchte Buchten, giftige Lebensmittel; ja, auch diese Schatten über dem Leben der Großstädter in Tokio, Yokohama, in Chiba, Kobe und Osaka sind den betroffenen Bürgern schon aufgefallen. Wenn wir sie richtig einschätzen, haben sie die Ellenbogen bereits angewinkelt, um sie manch eigennützigem Manager oder schwerfälligem Bürokraten in die Rippen zu schieben, der Gestank oder Lärm für eine notwendige Begleiterscheinung des wirtschaftlichen Wohlergehens seines Landes halten mag – solange sie nicht in der Nähe seiner eigenen Wohnung auftreten.

Dem Mann untergeordnet

„Die Japanerinnen sind überaus weiblich – gütig, sanft, treu, hübsch. Aber die Art und Weise, wie die Männer sie behandeln, ist bis jetzt derart gewesen, daß ein generöses europäisches Herz dadurch verletzt werden könnte. Kein Wunder, daß schließlich einige Frauen sich zu emanzipieren trachten." Basil Hall Chamberlain, ein hervorragender Beobachter des

Landes, bemerkte dies vor hundert Jahren. Viel scheint sich seitdem nicht geändert zu haben, auf den ersten Blick jedenfalls nicht. Kantiges, entschlossen vorgerecktes Kinn hier, hinter der feingliedrigen Hand züchtig vorgetragenes Kichern dort; breitbeiniger, selbstherrlicher Gang – anmutiges Trippeln im beengenden Kimono; die Männer schalten und walten und trinken, die Frauen kochen und kümmern sich um den Nachwuchs. In Comic-Heften sind Frauen Opfer männlicher Peitsch- und Knebelkünste, denen der Schmerz angeblich noch Lust bereitet. Kurz gesagt: für den flüchtigen Beobachter schrumpft der Umgang zwischen den Geschlechtern in Japan rasch zusammen auf das Bild vom schwertzückenden Samurai und seiner fügsamen Magd.

Dieses Bild ist sicherlich verzerrt. Schon Chamberlain stellte fest: „Der Gerechtigkeit und Vollständigkeit halber muß hinzugefügt werden, daß die Frau der niederen Klassen sich nie so unterordnete wie die Frau der mittleren und oberen Gesellschaftsschicht. Armut schafft Gleichheit in der ganzen Welt ... In diesen unteren Klassen teilt die Frau nicht nur die Mühe mit ihrem Gatten, sondern sie hat auch ein Wort mitzureden; und wenn sie die Klügere ist, so hat sie die Hosen an und herrscht im Haus." Chamberlains eingangs erwähnte Behauptung, daß einige Frauen sich zu emanzipieren trachten, muß allerdings auch heute noch, nach einem Jahrhundert, genauso butterweich formuliert werden. Denn Selbstbewußtsein können Japanerinnen weiterhin vornehmlich innerhalb der Familie – und dort besonders als Schwiegermütter – entwickeln. Die Politik ist ihnen verschlossen – nicht einmal zehn Prozent der Abgeordneten in beiden Häusern des Parlaments sind Frauen. In der Geschäftswelt – sieht man ab von den vielen kleinen Etablissements, Restaurants und Boutiquen, sieht man ab von einigen Damen wie Hanae Mori, die ein Mode-Weltimperium aufgebaut hat, mit ihrem Mann als wirtschaftender grauer Eminenz – herrschen nach wie vor die Männer.

Der Umgang zwischen den Geschlechtern in Japan erscheint dem aufgeklärten Bürger aus Europa oder Nordamerika befremdlich – um das mindeste zu sagen. Hierzu tragen nicht nur die sadistischen Szenen bei, die in den Heftchen wöchentlich von Millionen männlichen U-Bahn-Fahrern betrachtet werden. Es liegt auch nicht allein an den

Kellergewölben, in denen Frauen vor gaffenden Japanern die Schenkel spreizen. Nein, die kühle Geschäftsmäßigkeit vielmehr, in der immer noch ein Großteil der Ehen zustande kommt, die strikte Arbeitsteilung zwischen Vater und Mutter, die weiterhin gang und gäbe ist, befremdet. Es befremdet den arglosen Europäer, weil er sich ein Bild von Japan zurechtgezimmert hat, in dem das Streben nach Harmonie den Rahmen abgibt. Das Bild ist hier falsch.

Die japanische Gesellschaft ist immer noch vom Konfuzianismus bestimmt. Nicht Fähigkeit oder Bildung oder eigener Wille sind die Grundlage für den Erfolg dieses äußerlich westlich-modern anmutenden Japan, sondern Unterordnung, Gehorsam. Die strenge hierarchische Struktur kennzeichnet auch den Umgang zwischen Mann und Frau. Die Frau ist dem Mann untergeordnet. Das japanische Wort für Ehemann bedeutet „Meister“, das Wort für Ehefrau „die im Haus“. Ältere Männer nennen ihre Frauen auch noch einfach „Oi“ – „He da“; eine Witwe wird „die noch nicht Tote“, „Mibojin“ gerufen.

Doch es hat sich auch einiges geändert im Verhalten zwischen Japanerinnen und Japanern, besonders nach dem zweiten Weltkrieg, als die Gleichberechtigung der Geschlechter in die von den amerikanischen Siegern vorformulierte Verfassung hineingeschrieben wurde. Aber Traditionen sterben in Japan langsamer ab als in anderen Industriegesellschaften. Etwa vierzig Prozent der arbeitenden Bevölkerung hier sind Frauen; doch fast alle von ihnen verdienen erheblich weniger als Männer, sie haben kaum Aufstiegschancen; und in Chef-Etagen ist eine Frau – von Ausnahmen abgesehen – allenfalls als reizende Tee-Ausgießerin denkbar, nicht aber als Kollegin oder gar als Vorgesetzte.

Die ins Auge gefaßten Gesetze könnten Frauen davor schützen, daß sie nach Heirat oder Schwangerschaft von ihren Vorgesetzten mit patriarchalischem Lächeln aus ihrer Arbeit gedrängt werden; Chancengleichheit bei Einstellungsgesprächen werden sie nicht bringen. Die könnte – guten Willen vorausgesetzt – nicht einmal der im Notfall anzurufende Richter durchsetzen. Die japanischen Frauen haben keine Lobby, sie sind nicht organisiert. Zwar gibt es in der Zwölf-Millionen-Stadt Tokio zwei oder drei „Frauenzentren“, die ihren – vornehmlich familiären – Schwierigkeiten entronnenen Japanerinnen für einige Zeit Zuflucht gewähren, auch Hilfe beim Umgang mit Behörden. Zwar haben sich einige Politikerinnen, nicht nur Mitglieder der kommunistischen Partei, wortreich stark gemacht für größere Veranwortung der Frauen im politischen und wirtschaftlichen Leben.

Doch die japanischen Mädchen werden in der Familie, in den Schulen, in den „Colleges“ nach wie vor auf Ziele hin erzogen, die folgendermaßen beschrieben werden können: genieße eine gute Ausbildung für höhere Töchter; strebe nach Anstellung in einer großen Organisation, in der du als „Office Lady“ bis zur Heirat so viel Geld verdienst, daß es für Windsurfing oder eine zwölf Tage lange Bildungsreise durch sieben europäische Länder reicht; nimm die Vermittlungsdienste deiner Eltern oder deiner Firma in Anspruch, um den richtigen Ehemann zu finden.

Schenke ihm dann ein, höchstens zwei Kinder, möglichst einen Sohn zuerst, den du mit mütterlicher Fürsorge vom Kindergarten bis in die beste Universität streichelst; sieh deinem Mann nach, daß er zum Wohle seiner Fabrik, seines Ministeriums Zeit für dich und seine Kinder höchstens einmal am arbeitsfreien Sonntag oder während der wenigen Ferientage hat.

Häufig ist der Ehemann mehrere Monate oder sogar Jahre von seiner Familie getrennt, wenn ihn nämlich sein Arbeitgeber an einen entfernten Ort im In- und Ausland schickt. Lehnt er derartige Angebote ab, gefährdet er seine Karriere. Die Männer sind selten in der Lage, ihre Familie mitzunehmen, weil sie dann ihre Kinder umschulen müßten und damit den Anschluß an das Eintrittsexamen zur Universität gefährden könnten. Japanische Jugendliche, die mit ihren Eltern einige Jahre im Ausland lebten, haben nach ihrer Rückkehr Schwierigkeiten, von ihren Landsleuten noch als echte Japaner akzeptiert zu werden – sind sie nicht zu früh und zu stark mit Fremdem infiziert? Die Trennung des Mannes von der Familie führt zu großen seelischen Belastungen für Frau und Kinder. Die Mutter, die ihre Nachkommen erdrosselte, und sich dann selbst aufhängte, ist kein Einzelfall. Ich halte dies Leben nicht mehr aus, der Mann kommt nur alle halbe Jahre nach Hause, stand in ihrem Abschiedsbrief.

Viele Frauen, die nie nach beruflichem Erfolg gestrebt haben oder aber dabei behindert wurden, stellen dann, wenn die Kinder die Familie verlassen haben, fest, wie wenige Aufgaben ihnen noch übrigbleiben im täglichen Leben: Wäsche waschen, die Kuckucksuhr abstauben, fernsehen, Zeitungsverkäufer abwimmeln, mit Yves-Saint-Laurent-Täschchen teure Kaufhäuser nach Sonderangeboten durchkämmen, von einem jugendlichen Liebhaber träumen. Frauen-Zeitschriften liefern diesem Traum papierne Kulisse. Spät klingelt der Ehemann; riecht er nach Alkohol, nach Parfüm?

Es überrascht nicht, daß viele Scheidungen beantragt werden von über Vierzigjährigen. Die Kinder sind aus dem Haus, die Ehefrau hat mehr Zeit, über die Mängel ihres Partners und ihres Lebens nachzudenken. Mehr Frauen als Männer reichen nun schon die Scheidung ein. Früher wäre das undenkbar gewesen; früher war es durchaus üblich, daß der Mann seiner Frau dreieinhalb Zeilen überreichte, in denen er ihr mitteilte, sie passe nicht in den Haushalt und sei frei, woanders ihr Glück zu suchen. Für die Frauen bedeutete dies meistens große Not. Auch heute ist nach einer Scheidung nicht immer ausreichend für die Frau gesorgt, ausbleibende Unterhaltszahlungen müssen notfalls eingeklagt werden, Prozesse kosten Geld und sind immer noch un-japanisch. Doch die Frauen können Geld verdienen, wenn auch hauptsächlich nur durch recht harte Arbeit. Und die Männer, letztlich auch im mittleren Alter immer noch gewohnt, wie Säuglinge gepäppelt zu werden, haben heutzutage kaum eine alte Mutter zu Hause, die ihnen die Suppe kocht und den Bauchwärmer strickt.

Hier deutet sich ein Umschwung an im Umgang zwischen den Geschlechtern, der letztlich der Familie zugute kommen wird. Die Japanerinnen werden selbstbewußter, sie beginnen an der Notwendigkeit einer „Zwangsehe“ ihrer Männer mit den Betrieben zu zweifeln – eine Liaison, die nicht nur das Familienleben beeinträchtigt, sondern natürlich auch den Männern selbst schwer zu schaffen macht. Denn wie klein auch die Wohnung sein mag, wie wenig der Mann auch von Kindererziehung und Haushalt wissen möchte: viele Japaner müssen leiden unter den zunftähnlichen Zwängen, die von ihren Arbeitgebern ausgeübt werden.

Die wenigen Frauen, die sich aktiv für die eingangs erwähnte gleiche Behandlung von Männern und Frauen einsetzen, streben nach Arbeits- und Lebensbedingungen, die allen Japanern zumutbar sind. Die Umstände, unter denen auch viele Männer noch hier ihr Geld verdienen, mit langen Arbeitstagen, kurzen Ferien, mangelhafter Alters-, Arbeitslosen- und Krankenversorgung, besonders in den Zuliefererbetrieben, sind einer modernen Industrienation, die Japan sein will, nicht würdig, auch nicht der beengte Wohnraum, die Lärm- und Luftverschmutzung, die langen Wege zur Arbeitsstätte. Nein, die Frauen wollen hier nicht wie die Männer werden, das wäre ihnen auch nicht zu wünschen. Es wird noch Jahrzehnte dauern, ehe eine Angleichung der Berufschancen eine spürbare Besserung der Lebensumstände mit sich bringen wird. Bis dahin werden die japanischen Männer weiterhin in Heftchen mit brutalen „Szenen" blättern – wenn auch nur, um sich in der Phantasie an irgend jemandem für die eigene Bedeutungslosigkeit zu rächen. Die Realität ist eher „soft". Und die Frauen? Sie müssen schon ein wenig mehr außerhalb ihrer kleinen Wohnungen und Spielplätze tun für eine höhere „Lebensqualität" aller Japaner.

Kriegswaisen aus China

Ein Mann mittleren Alters strahlt, er hat einen älteren Herrn fest untergehakt. Es ist sein Vater. Dieser schaut eher ein wenig bekümmert in die gerade angebrochene gemeinsame Zukunft. Solche Szenen flimmern in diesen Tagen wieder über die Bildschirme der japanischen Fernseher: Gerade traf eine neue Gruppe von in China „zurückgelassenen Waisen" in Tokio ein, die hier nach ihren Angehörigen und nach ihrer eigenen Herkunft forschen wollen.

Am Ende des von Japan begonnenen pazifischen Krieges lebte mehr als eine Million Japaner im Nordosten Chinas, in der Mandschurei, in der das japanische Kaiserreich Bodenschätze ausbeutete. In den Wirren der letzten Kriegsmonate flohen die meisten vor den angreifenden sowjetischen Truppen, Familien wurden auseinandergerissen, Mütter – vom Hungertod bedroht – baten chinesische Nachbarn oder Fremde, sich ihrer kleinsten Kinder anzunehmen, die sie nicht mehr ernähren konnten. Wie viele dieser „Waisen" in China zurückblieben, ist nicht genau bekannt; mehr als zweitausend waren es sicher. Sie wurden von ihren chinesischen Pflegeeltern aufgezogen, lebten wie Chinesen, heirateten Chinesen, ihre Kinder sind Chinesen. Doch daß sie eigentlich Japaner waren, wußten sie; ihre Pflegeeltern werden es ihnen irgendwann gesagt haben. Vielleicht wußten die Pflegeeltern auch den japanischen Namen „ihrer" Kinder, die dann neugierig wurden auf ihre richtigen Eltern, nach deren Namen, nach dem Beruf fragten, nach ihrem eigenen Geburtsjahr, -ort, in welcher Straße sie damals wohnten, ob sie Geschwister hatten. Häufig war da nicht viel zu erfahren, vielleicht sagte man einer Frau nur, daß sie eigentlich Yukiko heiße, ihre Mutter eine Narbe über der linken Augenbraue gehabt habe, ihr Vater Beamter war, daß da auch noch ein Bruder war, drei Jahre älter etwa.

Die Neugier konnte lange Zeit nicht gestillt werden, diplomatische Beziehungen zwischen den ehemaligen Kriegsfeinden Japan und China wurden erst 1972 hergestellt, die Außenpolitiker in Peking hatten außerdem während der ersten Jahrzehnte nach Ausrufung der Volksrepublik andere Prioritäten gesetzt, als verlorengegangenen Kindern zu ihrer wahren Identität zu verhelfen. Nun jedoch hat man sich der „Waisen" angenommen, für manche rechtzeitig noch, für manche zu spät. Etwa 1600 Menschen sind bislang als in China lebende Kinder japanischer Eltern identifiziert worden, etwa die Hälfte von ihnen hat Verwandte in Japan ausgemacht – einige durch eigene Recherchen von China aus, andere in Tokio: die japanische Regierung gibt ihnen seit mehreren Jahren die Möglichkeit, hier selbst nach Verwandten zu forschen: Fernsehanstalten stellen sie vor. Die meisten kehren in ihre Heimat China zurück, auch wenn sie Erfolg bei der Suche hatten; etwas mehr als 200 „Waisen" haben es bisher vorgezogen, in Japan bei ihren Verwandten zu bleiben.

Es ist schwierig, die Gefühle dieser Heimkehrer nachzuempfinden. Am schwersten wohl haben es diejenigen, die nach Japan reisten und dann nach zwei Wochen unverrichteter Dinge wieder zurückfliegen: Sie haben das Dunkel ihrer Herkunft nicht aufhellen können; sie sehen kaum eine Chance, in das Land ihrer Mütter zurückzukehren, wenn auch die japanischen Behörden unbürokratisch bei der Erteilung einer japanischen Staatsangehörigkeit vorzugehen versprechen – die Sprache könnten sie ja auch mit vierzig noch lernen, aber das soziale „Netz", in das sie eingebunden sind, ist seit Jahrzehnten in einer ganz anderen Gesellschaft gewoben worden. Am besten ergeht es wohl denjenigen, die Eltern oder Geschwister in Japan fanden, sich aber entschließen, wieder in die „richtige" Heimat zurückzukehren: Das Fragen nach dem Woher hat ein Ende, möglicherweise auch kann der Kontakt zu den Verwandten im Nachbarland Japan den einen oder anderen Vorteil mit sich bringen. Diejenigen, die es vorziehen, nach Japan überzusiedeln, um ihren Eltern wenigstens noch ein paar Jahre nahe zu sein, um vielleicht auch an den Errungenschaften der japanischen Industrienation teilzuhaben, erwarten erhebliche Schwierigkeiten. Da ist nicht nur die Sprachbarriere; das tägliche Leben in Japan ist nicht so gemächlich wie in China; die japanische Etikette im Umgang mit Familienmitgliedern, Freunden, Vorgesetzten mag einem in China aufgewachsenen Japaner hier und da recht unaufgeklärt vorkommen; er wird, dies wird sicherlich das größte Hindernis für seine Eingliederung in die japanische Gesellschaft sein, Schwierigkeiten haben, von seinen Mitmenschen als einer der Ihren angenommen zu werden, ins „Japanisch-Sein" zurückzutauchen. Dies besondere „Sein" hat seine Ursache nicht in herausragenden typisch japanischen Qualitäten, es beruht vielmehr auf der durch jahrhundertelange Abkapselung entstandenen Unfähigkeit, sich mit anderen Kulturen selbstbewußt und leidenschaftslos zu messen. Solche Beschränktheiten sind Chinesen fremd.

Mag sie auch neues Leid über den einen oder anderen bringen, die Zusammenführung der Familien ist der Annäherung zwischen den beiden gewaltigen ostasiatischen Nachbarn zuträglich. Und sie wird Anerkennung – und hoffentlich auch einen Batzen Geldes – den Chinesen bringen, die vor vierzig Jahren in schwerer Kriegszeit fremde kleine Kinder zu sich nahmen – Chinesen, die wohl zu unterscheiden wußten zwischen hilflosen Kindern und japanischen Eroberern.

Den Künstlern helfen

In Japan sind Mäzene rar. Dies trifft besonders für die „flüchtigen" Künste zu, also Theater, Ballett, Film und musikalische Veranstaltungen – in geringerem Maße für die bildende Kunst. Skulpturen von Henry Moore, Gemälde japanischer Maler besitzen gegenüber Schuberts Winterreise oder einem Tokioter Experimentiertheater einen unbestreitbaren Vorteil, der auch japanischen Industriellen nicht verborgen geblieben ist: eine Ausstellung, ein Museum gereicht dem Unternehmen, das sich finanziell daran beteiligt, zu größerem Ruhm als eine Bühnenaufführung, der man vielleicht nur durch Werbehinweise auf dem Eintrittsbillett seinen Namen einprägen kann.

Es ist daher nicht verwunderlich, daß sich Mäzenatentum in Japan hauptsächlich mit Namen verbindet wie dem des Reifenfabrikanten Ishibashi – der seinen Familiennamen anglisiert und leicht verfremdet hat zu „Bridgestone" und das angesehene Bridgestone-Museum einrichtete – oder einigen anderen Männern, die vornehmlich die bildenden Künste unterstützen.

Doch Kunst manifestiert sich nicht nur in behauenem Stein oder Öl auf Leinwand. Das Streben nach Kunst wird auf den ostasiatischen Inseln viel mehr befriedigt in anderen Bereichen: in westlicher und japanischer Musik, in japanischem, auch westlichem Tanz, im traditionellen Theater, manches Mal auch im westlichen oder Avantgarde-Theater. Film muß inzwischen fast ausschließlich als leichte Unterhaltung betrachtet werden angesichts der Unzahl miserabler Produktionen. Diese Formen der Kunst existieren in Japan trotz einer Gesetzgebung, die einer möglichen – allerdings tatsächlich schwer nachweisbaren – Spendierfreudigkeit bemittelter Japaner entgegensteht. Sie existieren wegen einer weiterhin lebendigen Meisterverehrung und der großen Zahl jüngerer Aspiranten, die jahre- oder jahrzehntelang unter großen wirtschaftlichen Opfern nach Meister-Ehren streben, die hohes Ansehen bringen und eine erkleckliche Altersversorgung sichern könnten; sie existieren, weil sich nach dem zweiten Weltkrieg eine wahre Kunst-Besessenheit hier breitgemacht hat (jeder sechste Haushalt in Japan besitzt heute ein Klavier), die vielen Künstlern – durch ihre Lehrtätigkeit – ein Existenzminimum sicherte; und sie existieren, weil ein starker Korpsgeist finanziell schwache Theater-, Ballett-Gruppen und andere künstlerische Vereinigungen wie eine Familie zusammenhält.

Der japanische Staatshaushalt leidet unter chronischer Geldnot. Jeder Bürger, der Steuern sparen will, wird beargwöhnt. Gemeinnützige Stiftungen und eingetragene Vereine, die vom Finanzministerium anerkannt worden sind, sind von der Steuer befreit. Beide profitieren von Zuwendungen aus der Industrie, die dafür 0,125 Prozent ihres Kapitals und 1,25 Prozent ihres Nettoeinkommens in einem Jahr abschreiben kann. Privatpersonen dürfen 25 Prozent ihres zu versteuernden jährlichen Einkommens für derartige Beiträge abschreiben. Wer mehr spenden will, muß Steuern zahlen. Stiftungen – sie machen den überwiegenden Teil der gemeinnützigen Organisation aus – benötigen ein Kapital von mindestens fünf Millionen Yen, über 50 000 Mark. Der Großteil dieser Stiftungen gehört nicht zum Kunstbetrieb, sondern widmet sich zum Beispiel der Forschung oder der Sozialfürsorge.

Neben den bildenden Künsten wird klassische westliche Musik von der Industrie noch am meisten gefördert. So hat Hideo Edo, Vorsitzender einer großen Immobilienfirma, dank seiner guten Verbindungen zu anderen einflußreichen Geschäftsleuten der Orchestervereinigung Japans den Fluß erheblich finanzieller Mittel gesichert. Die stützt hauptsächlich Konzerte für Jugendliche und Aufführungen außerhalb der großen Städte. Sie fördert in geringem Maße die Arbeit moderner japanischer Komponisten. Mehrere Konzerne veranstalten Wettbewerbe für klassisch-westliche oder traditionell-japanische Musik oder unterstützten Jazz-Festivals. Der Whisky-Hersteller Suntory wiederum verleiht einen Musikerpreis und fördert japanische Komponisten, indem er Eintrittskarten für Konzerte aufkauft, in denen auch japanische Kompositionen aufgeführt werden – die Billetts werden kostenlos verteilt.

Orchester und Komponisten erfahren auch Hilfe von der Kulturagentur des Erziehungsministeriums, von Präfektur-Regierungen, von öffentlichen Körperschaften wie der „Japan-Stiftung“, die den Kontakt mit dem Ausland fördert, und der Rundfunk- und Fernsehanstalt NHK. Alle diese

Instanzen lassen auch den meisten anderen Künsten, vom Puppentheater bis zur abendländischen Oper, mehr oder weniger umfangreich finanzielle Hilfe zukommen.

Doch die Künste in Japan leben fast ausschließlich vom Kommerz, von einem Kommerz, der einem Ausländer befremdlich erscheinende, kleinstädtische Züge trägt: Ballett-Tänzer, Filmschauspieler, Theaterleute müssen selbst eine gewisse Zahl von Eintrittskarten für Aufführungen, an denen sie mitwirken, verkaufen; gelingt dies nicht, zahlt der Betreffende für die übriggebliebenen Billetts. Die Künstler verzichten häufig auf Gagen, um überhaupt auf der Bühne stehen zu dürfen; ja mancher zahlt sogar erhebliche Summen an seinen Lehrer oder für die Miete einer Halle, um in den Genuß zu gelangen, seine schauspielerischen oder musikalischen Fähigkeiten vor einem Publikum zeigen zu dürfen – einem Publikum, das zum Großteil aus Verwandten oder Freunden besteht.

Im klassischen japanischen Tanz zum Beispiel wird einem Bedürfnis der hiesigen Gesellschaft entsprochen: Menschen aller Altersgruppen können sich in einem um den Meister aufgebauten Zirkel zusammenfinden. Die Japaner sind bereit, dafür zu zahlen. Neben den Unterrichtsgebühren muß bei jährlich stattfindenden Aufführungen der Tanzschule dem Lehrer eine „Gratifikation" übergeben werden, die je nach Grad der Professionalität schon zwanzigtausend Mark teuer sein kann; dafür darf der Schüler kurz vortanzen, vor den eigenen Schülern, die dafür ihre mit Geldnoten versehenen Umschläge am Eingang abgegeben haben. Häufig haben die Tanz-Enthusiasten das Gefühl, mehrere Jahrzehnte lang von ihrem „Sensei", ihrem Lehrer, lernen zu können – dies bringt dem Sensei finanziellen Vorteil; er wiederum überstrahlt seine Schüler mit dem Prestige, das von der Zugehörigkeit zu seiner Schule ausgeht und die Schüler des Schülers weiterhin an ihren Lehrer bindet.

Eine derartige Nähe zum Konsumenten hat Vorteile: der Künstler fühlt sich eingebettet in seine Gemeinde – und Nachteile: sie ist der Lust am Experimentieren nicht förderlich. Beethovens Neunte ist für Konzertbesucher ein Nonplusultra, also wird die Neunte gespielt, bis sie den Musikern eigentlich zu den Ohren heraushängen sollte. Was sie aber nicht zugeben. Denn in Japan sind Mäzene, die das Unerhörte oder Aufsehenerregende fördern könnten, rar. Und irgendwie müssen ja schließlich auch Künstler überleben.

Einer von hundert ist getauft

„Wer keine Heimat hat, reist viel." Dies sagt ein Japaner, den wir zum Besuch des Papstes in Tokio, Hiroshima und Nagasaki befragen. Ja, er hätte sich Johannes Paul II. schon gerne angesehen; nein, Christ ist er nicht, zu Neujahr geht er natürlich in den Shinto-Schrein. Über den Tod macht er sich noch keine Gedanken; aber das Begräbnis werde wohl nach buddhistischem Ritus – wie üblich – begangen werden. Sicher, die Christen sind anerkannt für ihre strengen moralischen Wertvorstellungen, für ihren festen Glauben an einen Gott, für ihre guten Schulen hier im Lande, sie haben mit Erfolg ihre Religion in vielen Teilen der Welt verbreitet, „aber uns Japanern sind Dreifaltigkeit und Wiederauferstehung doch ein wenig fremd".

Noch nicht einmal eine Million Japaner sind getauft, das ist weniger als einer unter einhundert. Dabei hatte alles verheißungsvoll begonnen. Der Jesuit Franz Xavier, 1506 in Navarra geboren, begann 1549 mit der Missionsarbeit in Japan. Innerhalb von 27 Monaten legte er den Grundstein für das Christentum in Japan, dem innerhalb weniger Jahrzehnte fast eine halbe Million Menschen angehörte – obwohl japanische Gelehrte den Christen mit Fragen zu Leibe rücken wie: Woraus hat Gott die menschliche Seele gemacht? Hat Gott einen Körper? Wenn Gott die Menschen erlösen will, warum erlaubt er dann dem Teufel, so viel Übel anzurichten?

Trotz Opposition der Buddhisten konnte sich das Christentum ausbreiten, obwohl der Enthusiasmus der Mächtigen in Japan für diese neue Religion – begleitet von Dekreten zur Christianisierung ganzer Landstriche, in denen der Name Jesu nie gehört worden war – weniger vom Glauben denn von dem Streben nach ausländischer Technologie gespeist wurde. Die Portugiesen brachten nicht nur das Christentum, sondern auch Uhren, Brillen, Hakenbüchsen und andere moderne Feuerwaffen, Pläne für umfangreiche Festungsanlagen mit.

Doch die Japaner hegten Mißtrauen gegen die neue Religion und ihre Vertreter, da sie sie beargwöhnten, politischen Umsturz betreiben zu wollen. Durch Querelen zwischen verschiedenen Missionen in dieser Auffassung bestärkt, auch durch die Zusage von Holländern und Engländern, ohne irgendwelche missionarische Absichten ins Land kommen zu wollen – allein, um Handel zu treiben –, wandelte sich die Einstellung der Shogune gegenüber den Christen; sie wurden aus dem Land gewiesen, verfolgt, verbrannt, enthauptet. Des christlichen Glaubens verdächtigte Japaner mußten mit den Füßen auf Platten treten, in die Bilder von Christus oder Maria eingraviert waren; wer nicht über diese „Trampelbilder" gehen wollte, wurde gefoltert, um ein Geständnis oder die Abkehr vom Glauben zu erzwingen. Derart sollte während der Tokugawazeit das Christentum aus Japan verbannt werden – doch bewirkten die „Trampelplatten" eher, daß die Erinnerung an diese Religion wachgehalten wurde, daß vielleicht auch Respekt für diejenigen fortwirkte, die trotz Folter zu ihrem Glauben standen.

Die Zurückweisung der ausländischen Religion, auch des Kontaktes mit Händlern aus anderen Ländern – allein die Holländer hielten über die Jahrhunderte hinweg einen kleinen Handelsstützpunkt auf einer winzigen Insel bei Nagasaki – löste sich allmählich unter dem Druck fremder Nationen in der Mitte des 19. Jahrhunderts. Protestanten aus den Vereinigten Staaten folgten wieder Missionare aus anderen Gegenden, und die Regierung akzeptierte schließlich das Christentum als eine der drei großen Religionen in Japan, neben Buddhismus und Shintoismus. Auch jetzt wieder wurden viele gebildete Japaner zu dem fremden Glauben hingezogen, da er aus dem Westen kam, wo für sie der Schlüssel zur Stärkung der eigenen Nation lag. Christliche Schulen erwarben sich großes Ansehen: und die Anstrengungen der Christen bei der Sorge für Waise, Arme und Minderheiten sind in Japan mit Interesse verfolgt worden.

Nach dem zweiten Weltkrieg wurde das Land wiederaufgebaut, Katholiken und Protestanten aus dem Ausland halfen dabei; für eine kurze Zeit war es Mode oder sogar hilfreich, Christ zu sein. Heute bekennt sich vornehmlich derjenige zum Christentum, dessen Vorfahren auch schon Christen waren. Ihr Einfluß mag vielleicht etwas größer sein, als der magere

Anteil an der gesamten Bevölkerung vermuten läßt: viele angesehene Bildungsinstitutionen – vom Kindergarten bis zur Universität – werden von Christen geleitet, die auf Ordnung, Pünktlichkeit und Achtung der Autorität größeren Wert legen mögen als ihre Kollegen in anderen Schulen; manch herausragender Intellektueller in Japan bekennt sich zum Christentum; für stärker werdende Kontakte mit dem industrialisierten, christlichen Ausland erweist sich eine Neigung zum Katholizismus oder Protestantismus nicht unbedingt als hemmend.

Es gibt allerdings wenig Grund zur Hoffnung, die manche Europäer hegen, das Christentum könnte eines Tages doch die stärkste Religion in Japan werden. In einer vor kurzem veranstalteten Umfrage einer großen Fernseh- und Radiostation sagten über zwei Drittel der befragten Japaner zwischen achtzehn und 24 Jahren, sie hingen keinem Glauben an, ein äußerst geringer Teil dieser Altersgruppe bezeichnete sich als Christ. In Japan interessieren sich nur wenige für ein wie immer geartetes Jenseits. Hier und jetzt wird gelebt. Natürlich kann es nicht schaden, ein bißchen Vorsorge für Unheil zu treffen, das Gottheiten über einen bringen könnte; der Neujahrstag bietet sich dafür an, auch Papierstreifen am Autokühler, Gänge mit den Kindern an bestimmten Tagen zum Schrein, Fürbitten von Schülern vor dem Examen oder wenn einem gerade der Sinn nach Beten steht. Auch sollten die Vorfahren geehrt werden am Hausaltar, sollte Vorsorge getroffen werden für das buddhistische Begräbnis.

Zwischen den beiden Religionen Buddhismus und Shintoismus läuft das begrenzte geistliche Leben in Japan ab, zu beiden bekennt sich fast jeder Japaner, ohne allzuviel von ihnen zu verlangen oder ihnen entgegenzubringen. Allmählich jedoch wächst in Japan das Bedürfnis nach engeren Beziehungen zum Übernatürlichen – oder zum Natürlichen wieder; die Vereinsamung in den großen Städten, die Aufweichung der Familien in den Metropolen sind einige Gründe hierfür. Doch das Christentum wird nicht von solchen Entwicklungen profitieren. Zu fremd ist den Japanern etwa die Vorstellung von der Unbefleckten Empfängnis Marias; zu kompliziert die Leidensgeschichte Christi; ungewöhnlich die christliche Verurteilung des Selbstmordes; zu ungewohnt die Beichte, die doch kaum eine Chance läßt, „sein Gesicht zu wahren"; unbekannt ist in Japan das Gefühl von individueller Schuld – allgegenwärtig statt dessen die Angst vor gesellschaftlicher Schande. „Solange du nicht ertappt wirst, ist alles in Ordnung." Ein großes Ereignis war deshalb der Besuch des Papstes für Japan nicht. Viele Christen freuen sich natürlich, daß er nach Visiten in siebzehn anderen Nationen nun auch in ihr Land kam.

Umstrittene Totengedenkfeier

Jedes Jahr im August erregt in Japan eine sinnlos anmutende Diskussion die Gemüter: Besucht der Premierminister nun in seiner Eigenschaft als Regierungschef den Yasukuni-Schrein oder als Privatperson? Da wird dann dem Premier schon genau auf die Finger geschaut: hat er sich im Dienstwagen zu diesem Shinto-Schrein – unweit des Kaiserpalastes in Tokio – begeben oder im privaten Auto? Hat er aus eigener Tasche für die geheiligten Zweiglein gezahlt, die er den Kriegstoten darbietet, oder mit öffentlichen Geldern? Hat er sich im Besucher-Buch des Schreins nur mit seinem Namen eingetragen oder auch den Amtstitel „Premierminister" hinzugefügt? Die protokollarischen Feinheiten sind für Japan von eminenter Bedeutung, kann man an solchen Oberflächlichkeiten doch den Schwung erkennen, mit dem sich das Land wieder zum Nationalismus hinwendet.

1896, ein Jahr nach der sogenannten Meiji-Restauration, wurde der Schrein errichtet für die Seelen der im Krieg, im Bürgerkrieg zuvor gefallenen Soldaten. Diese Funktion hat er bis heute behalten, Namenslisten von zwei Millionen und fünfhunderttausend toten Soldaten aller seither geführten Kriege werden dort aufbewahrt. Die nach dem zweiten Weltkrieg von der amerikanischen Besatzungsmacht mitformulierte Verfassung legt fest, der Staat habe sich religiöser Aktivitäten zu enthalten und dürfe keiner religiöser Gruppe Privilegien einräumen. Nun fordert aber eine starke Gruppe innerhalb der regierenden konservativen Liberaldemokratischen Partei, die Regierungsmitglieder sollten in ihrer offiziellen Funktion den Schrein besuchen; sie wird gestützt von der mächtigen „Vereinigung Japans der hinterbliebenen Familien von Gefallenen"; Rechtsradikale erheben die gleiche Forderung. Hätten manche Gelehrte recht, die behaupten, Shinto sei keine Religion, wäre das Problem aus der Welt geschafft. Doch einer derartigen Auffassung widersprechen am heftigsten die Shinto-Priester selbst.

Die Frage, ob der Shintoismus tatsächlich eine Religion darstellt, soll hier nicht beantwortet werden. Zu Beginn der Meiji-Ära zur Staatsreligion erhoben, wurde Shinto Ende des vergangenen Jahrhunderts zum über Religionen herausragenden National-Kult befördert, eine Einheit zwischen dieser „Religion" und der Regierungsgewalt dadurch hergestellt, daß der Tenno – höchste politische Autorität – gleichzeitig das Oberhaupt des Staats-Shintoismus war. Die Untertanen, die Japaner, hatten die Pflicht, in Schreinen an Andachten teilzunehmen. Und von Kindesbeinen an wurde ihnen der Tenno als göttliches Wesen suggeriert. Im Verlaufe der seit Beginn der dreißiger Jahre von Japan über die Nachbarstaaten verbreiteten Kriege bewährten sich vornehmlich die Shintoschreine als Zentren für nationalistische, militarisierte Gesinnung. Seinen Namen, seine Seele nach dem Heldentod im Yasukuni-Schrein bewahrt zu wissen, sollte japanischen Soldaten höchste Ehre sein.

Nach dem Krieg wurde Shinto wieder allen anderen Religionen gleichgestellt, verlor also seine privilegierte Position. Doch in den vergangenen dreißig Jahren haben die Anhänger dieses Glaubens – eine rein japanische Angelegenheit – an Boden gewonnen. Vertreter der Interessen des Yasukuni-Schreins können die Regierung auffordern, den 15. August – Tag der Kapitulation Japans im letzten großen Krieg – zum „Tag der Trauer für die Kriegstoten" umzubenennen, von der jetzt üblichen Bezeichnung „Gedenktag des Kriegsendes". Das sind Worte; dahinter steckt die Auffassung mancher Kreise, so lange nach diesem Krieg sei es endlich an der Zeit, den Angehörigen der Gefallenen den Sinn für deren Tod plausibel zu machen.

Ein Priester des Yasukuni-Schreins – nicht unbedingt Volkes Stimme – wird in einer japanischen Zeitung folgendermaßen zitiert: „Im Schrein eingeschlossen sind diejenigen, die im Kampf fielen – Soldaten, Seeleute, Zivilisten, jung und alt. Es ist unsere Pflicht, die Seelen der im Krieg Getöteten zu ehren, die die Grundlage wurden für Japans Wiederaufbau und das wunderbare Wachstum in der Nachkriegszeit." Von solcher Logik ist es nur noch ein kleines Stückchen hin zu der offiziellen Regierungserklärung zum 15. August, in der es unter anderem heißt, der Sinn eine Gedenkstunde für die Kriegstoten sei, den Menschen zu danken, die in einer Zeit staatlichen Notstands ihr Leben geopfert hätten für den Frieden und das Wohlergehen der Nation. – Als ob sich Japan damals gegen bajonettstechende Barbaren zu wehren gehabt hätte.

In Japan ist über Kriegsschuld nie viel geredet worden. Vor wenigen Jahren wurden die Namen – und damit die Seelen – einiger von den Alliierten als „Hauptkriegsverbrecher" hingerichteter Japaner in den Yasukuni-Schrein aufgenommen. In diesem Land wird die Ahnenverehrung hochgehalten. Die Niederlage, von vielen älteren als Schmach empfunden, soll schnell vergessen werden. Auch fiele es demjenigen japanischen Politiker, der schon über Kriegsschuld nachdächte, der den Tod auch der vielen tausend Japaner im zweiten Weltkrieg für sinnlos hielte, nicht leicht, auf die Fehler einer früheren Regierung, eines militärischen Regimes zu verweisen. Denn die Kontinuität der japanischen Geschichte, auch der vergangenen fünfzig Jahre, wird gewahrt durch eine höchste moralische Autorität – früher Quelle der politischen Macht genannt, heute Symbol der Einheit des Volkes: der Tenno.

Die regierende Partei wird weiterhin versuchen, gegen den bisher wirkungsvollen Widerstand der oppositionellen Parteien einen Yasukuni-Gesetzesentwurf, der staatliche Gelder für dort zu zelebrierende Toten-Zeremonien vorsähe, im Parlament durchzubringen. Konservative Politiker werden weiterhin am 15. August, dem Jahrestag der Niederlage Japans, privat oder offiziell, begleitet vom Lautsprechergebrüll einiger Rechtsradikaler, dem Schrein ihre Aufwartungen machen. Und die Kinder tummeln sich unterdessen im gleich nebenan untergebrachten Kriegs-Gedächtnis-Museum. Dort sind Ein-Mann-U-Boote mit Torpedos zu sehen, Kanonen, Panzer, Gamaschen, Lokomotiven, Feldflaschen. Ein Maler hat ein Breitwandgemälde produziert: Japanische Flugzeuge, ältere Modelle, fliegen über das Meer, die Sonne geht auf. Anschauungsmaterial für die japanische Jugend zum letzten Krieg.

Los der Alten

„Tag zur Ehre der Alten“ ist ein nationaler Feiertag, an dem Japaner den Alten für den Aufbau des Landes danken und ihnen ein langes Leben wünschen. Zu diesem Anlaß gibt das Amt des Premierministers Zahlen über die alten Japaner heraus, die gewissermaßen eine Besorgnis für die Zukunft angebracht erscheinen lassen. 9,5 Prozent der Bevölkerung sind heute 65 Jahre alt oder älter. Die in dieser Weise „älteste“ Gesellschaft sind die Schweden mit 15,9 Prozent Alten, gefolgt von den Deutschen der Bundesrepublik, den Briten, Franzosen und Amerikanern. Doch der Anteil der Alten an der Einwohnerschaft wächst in Japan rapide – Wissenschaftler haben vor kurzem vorausgesagt, daß im Jahre 2025 etwa 21 Prozent der Bevölkerung 65 Jahre oder älter sein werden, mehr noch als dann zum Beispiel in der Bundesrepublik (20 Prozent). Dieser rasche Alterungsprozeß – schematisch dargestellt: die Veränderung einer Pyramide zu einem Zylinder – wird den Japanern in den nächsten Jahrzehnten wirtschaftliche und soziale Schwierigkeiten bringen, da die Kosten für die Altersversorgung wachsen werden, während zugleich die traditionelle Achtung vor alten Menschen abnehmen wird.

Die Ursachen dieses Alterungsprozesses sind vielfältiger Art. Erstens ist da die höhere Lebenserwartung, bedingt durch einen verbesserten Lebensstandard, eine bessere medizinische Versorgung und eine gesunkene Sterbequote bei Säuglingen. Zweitens ist die Geburtenrate gesunken: das durch die „Verstädterung“ Japans im Schwinden begriffene traditionelle Familiensystem, in dem der älteste Sohn für die Kontinuität der väterlichen Linie sorgte, „zwingt“ junge Ehepaare nicht mehr so stark wie früher, sich so lange für Nachwuchs einzusetzen, bis endlich ein männlicher Nachkomme das Licht der Welt erblickt. Zum dritten sind Eltern heute besonders an einer guten Ausbildung ihrer Kinder interessiert – und die ist teuer, drei Kinder sind da schon Luxus. Viertens schließlich gehen mehr junge Frauen auf Hochschulen und später in einen Beruf – das Heiratsalter erhöht sich, da mit dem Eintritt in die Ehe in den meisten Fällen die „feste“ Arbeit aufgegeben werden muß.

Die Kosten der Sozialleistungen für alte Menschen – Renten und Zahlungen für ärztliche Leistungen – werden sich in Japan in Zukunft stark erhöhen und müssen von dem proportional kleiner werdenden Teil der arbeitenden Bevölkerung getragen werden. Doch auch die Zahl der arbeitenden älteren Japaner wird größer. Sie erhalten heute noch – wegen ihrer fast ausschließlich im Betrieb gesammelten Erfahrungen und Fähigkeiten – höhere Löhne als etwa ihre erst zwei oder drei Jahre dort arbeitenden, wiewohl teilweise besser qualifizierten Kollegen und werden für die Betriebe allmählich teurer und entbehrlicher.

Das heute praktizierte Einstellungs- und Lohnsystem wird sich in der Zukunft ändern – oder die Arbeitslosigkeit unter älteren Arbeitnehmern wird weiterhin wachsen. Die meisten der alten Japaner müssen nach dem obligatorischen Ausscheiden aus der Firma noch etwa fünf Jahre überbrücken, bevor sie eine bescheidene Altersversorgung bekommen; große Firmen und die Bürokratie gewähren ihren Pensionären großzügige Abfindungen, doch die Mehrheit der Japaner arbeitet in mittleren und kleinen Unternehmen, die nicht so freigebig sein können.

Steigende Abgaben für Rentenrücklagen und für andere Versicherungen und die Erosion des Senioritäts-Prinzips in den Firmen und Behörden könnten zum Nachlassen des Zugehörigkeitsgefühls jüngerer japanischer Arbeitnehmer zu „ihrer“ Firma führen und möglicherweise auch zu einer Verschlechterung der Arbeitsmoral. Eine vom Amt des Premierministers in Auftrag gegebene Umfrage zeigt, daß sich alte Japaner darum sorgen, wer sich denn um sie kümmern werde, wenn sie einmal ans Bett gefesselt sein sollten. Und die müden Anstrengungen der Regierung, den in einem hochindustrialisierten, in seiner Lebensart nicht mehr auf der Institution Großfamilie basierenden Land lebenden Menschen künftig ein würdiges Auskommen im Alter zu sichern, stehen bisher nicht im Einklang mit der verbissenen, wiewohl vergeblichen Entschlossenheit, Japan zu der größten Wirtschaftsmacht der Erde zu machen.

Die Jagd auf den Wal

Mit den Japanern ist nicht gut Walfleisch essen. Streift man im Gespräch das Schicksal dieser großen Meeressäuger, verwandeln sich zurückhaltende, freundliche Herren im Handumdrehen in aufbrausende, vorwurfsvolle Menschen. Von „Rassismus“ wird dann geredet, auch von Überheblichkeiten der Europäer über die Gewohnheiten dieses Volkes auf den Inseln im Fernen Osten. Und erst beruhigende Worte, die Zusicherung, daß man sich informieren wolle über die Fakten, nicht Vorurteile bestätigt sehen, vermögen die Atmosphäre ein wenig zu bereinigen. Was aber sind die Fakten?

Die Organisation „Green Peace“, die sich seit Jahren vorwiegend mit gewaltlosen Mitteln unter anderem für die Rettung vom Aussterben bedrohter Lebewesen oder gegen – nach ihrer Ansicht – brutale Schlächtereien an Tieren einsetzt, wirft japanischen Fischereigesellschaften vor, durch rücksichtslose Jagd auf Pottwale zur Ausrottung dieser Spezies wesentlich beizutragen.

Zwar hatte der Wissenschaftsausschuß der Internationalen Walfang-Kommission (IWC) schon vor geraumer Zeit Besorgnis geäußert über den Rückgang der Zahl weiblicher tragender Pottwale und auch der männlichen Wale, zwar war schon im Jahre 1979 auf einer IWC-Sitzung der Fang von Pottwalen durch Fangflotten in der südlichen Hemisphäre stark eingeschränkt und im östlichen Nordpazifik vollkommen verboten worden, Japan und fünf andere Länder jedoch konnten den Fang dieser Wale – von Landbasen aus operierend – bis zu einer festgelegten Höchstzahl fortsetzen. Vor kurzem aber schlug nun der Ausschuß das Verbot der Jagd auf sämtliche Pottwale in allen Weltmeeren vor.

Doch unter anderem wegen Widerstandes von japanischer Seite erhielt dieser Vorschlag nicht die nötige Dreiviertelmehrheit der damals 25 IWC-Mitgliedsstaaten. Japan bekam für die Saison damals den Fang von 890 männlichen Tieren zugestanden; falls die Zahl der versehentlich gefangenen weiblichen Tiere mehr als 11,5 Prozent des Gesamtfanges übersteigen sollte, müßte die Jagd nach Pottwahlen abgebrochen werden. Auch wurde festgelegt, daß Wale unter zehn Meter Länge nicht harpuniert werden dürften, doch auch nicht jene von mehr als fünfzehn Meter Länge (damit will man die geschlechtsreifen männlichen Wale schützen).

Green Peace jedoch bezweifelt aufgrund von Beobachtungen nichtjapanischer Fachleute, daß sich die hiesige Fischerei-Industrie an die festgelegten Begrenzungen hält. Green Peace weist auch auf die von Japanern in der Vergangenheit angewandten Praktiken hin, etwa auf die Benutzung von „Piraten"-Walschiffen, die unter der Flagge solcher Länder, die nicht der Kommission angehören, fuhren und früher Walprodukte direkt oder über Umwege nach Japan brachten. Green Peace behauptet, der Pottwal werde hauptsächlich wegen seines Öls gejagt, das in der Industrie vielfältige Verwendung finde, zum Beispiel als Schmiermittel und in der Textil- und der Lederverarbeitung. Angesichts inzwischen entwickelter synthetischer Ersatzmittel jedoch sei der Rückgriff auf das Walöl nicht mehr notwendig, sagen die Naturschützer. So hätten die Vereinigten Staaten bereits im Jahre 1971 den kommerziellen Walfang beendet und nach 1972 die Einfuhr jeglicher Walprodukte verboten.

Green Peace hat sich durch einige spektakuläre Aktionen in Japan – ein Mitglied durchschnitt Netze, um Delphinen, die in eine Bucht getrieben worden waren, den Weg zurück ins offene Meer zu ebnen, ein anderes Mitglied kettete sich an die Harpune eines japanischen Waljägers an – in diesem Land kaum Freunde geschaffen. Einmischung Fremder in japanische Angelegenheiten wird als anmaßend, als penetrant empfunden.

Was sagen die Japaner – nicht im Zorn, sondern nüchtern? Die Dezimierung der Walbestände auf der Welt sei durch ebenjene Nationen herbeigeführt worden, die sich für ein Moratorium zum Wahlfang einsetzten. Damit ist auch die Bundesrepublik Deutschland gemeint, die während eines Treffens der „Konvention über den Handel mit gefährdeter Wildfauna und -flora" (Cites) einen Antrag zum Verbot des Handels von Produkten der Pott-, Sei- und Finnwale mit großer Mehrheit durchgebracht hatte; Japan und die zweite große Walfangnation, die Sowjetunion, stimmten dagegen.

Vertreter der japanischen Walfang-Gesellschaft, mit denen wir sprachen, verhehlten nicht, daß sie die von Green Peace genannten Zahlen über den Bestand etwa von Pottwahlen für falsch, für zu niedrig hielten. Herr Takayama, Sekretär dieser

Organisation – nicht Diplomat, eher Dickschädel –, sagte uns auf die Frage, wie denn gewährleistet werden könnte, daß tatsächlich nur Wale einer bestimmten Größe geschossen würden: er habe schließlich selbst lange genug an der Harpune gestanden, um ein männliches von einem weiblichen Tier zu unterscheiden. Nach Kleinigkeiten wie Wellenlänge, Gischt, Zeitpunkt des Schusses, nur zum Teil aus dem Wasser herauskommender Walkörper, über möglicherweise folgende Jungtiere haben wir angesichts eines derart überzeugenden Arguments nicht mehr fragen wollen. Darauf hingewiesen, daß doch die Eßgewohnheiten der Japaner sich in den vergangenen Jahren stark gewandelt hätten, daß heute Walfleisch nur noch ein Prozent des tierischen Eiweiß-Konsums in Japan ausmache, antwortet er, dies liege an den der Industrie auferlegten Beschränkungen, die das Fleisch verteuerten und folglich den Konsum verringert hätten. Das mag so sein, aber Japaner – befragt nach ihrer Neigung zu Walfleisch – reagieren erst einmal erstaunt: Das habe ich lange nicht mehr gegessen. Wie es denn schmecke? Ja, wenn ich mich recht erinnere: streng.

Worum es geht: in Japan hängt das Einkommen einiger tausend Menschen vom Walfang ab; Teile einer spezialisierten Industrie sind derzeit noch auf Walprodukte angewiesen; die Japaner behaupten – genauso hartnäckig wie die Gegner –, daß die von der anderen Seite angegebenen Zahlen über die Walbestände falsch seien.

Die Japaner stehen schlecht da: wenn auch kaum jemand in der Diskussion darauf hinweist, daß Wale schließlich singen können, daß sie die Weiten des Ozeans sicher durchpflügen (berauschender Gedanke für dem Meer verfallene Menschen), daß sie Säugetiere seien, die sich über Hunderttausende von Jahren dieser Natur angepaßt haben, wenn also niemand seine Gefühle zeigt, sondern statt dessen mit akademischen Fingern Zahlenkolonnen abtapert, so mag doch die Hochachtung mancher Europäer und Amerikaner für den Wal mitschwingen, auch der Vorwurf gegen die Japaner, daß sie sich allzu selbstverständlich nähmen, was ihnen die Erde biete.

Wir waren in Wadaura, keine drei Stunden südwestlich von Tokio; dort werden Wale zerlegt, auch Fische in Kühlwagen gepackt, die zum Großmarkt nach Tokio fahren. Selbst an

„walfreien“ Tagen – die Zerstückelungsbuden gleich neben der Anlandefläche im inneren Hafenbecken sind peinlich gesäubert – stinkt es nach Tod und Verwesung. Aber auch in Deutschland stinkt es an Sonntagen in Schlachthäusern nach Tod und Verwesung. Und ob Schweine oder Rinder musische Fähigkeiten besitzen, hat unseres Wissens noch kein Wissenschaftler untersucht.

Bleibt den Japanern und den anderen ehemaligen „Bösewichtern“ des Walfangs, sich einzig auf Zahlen zu konzentrieren. Dies mag schwierig sein. In den Weiten des Ozeans kann selbst einmal ein Wal übersehen werden. Doch auch solche Haarspalterei wird nichts helfen: Die Japaner – von einigen Regionen abgesehen – essen kaum noch Walfleisch; auf dem größten Lebensmittelmarkt Tokios wurden an einem beliebigen Tag 4,9 Kilogramm Walfleisch umgesetzt, 1000 Gramm der besten Qualität kosteten etwa 150 Mark. Die Industrie kann sich andere Schmierstoffe beschaffen. Eine Umschulung der direkt betroffenen Personen sollte der Wirtschaftsmacht Japan nicht schwerfallen. Viele politisch einflußreiche Regierungen akzeptieren die These einer Bedrohung des Pottwals. – Hüten müßten sich die Delegierten aus Tokio außerdem vor Kritik an der Emotionalität der Ausländer: Ein alter buddhistischer Brauch ist unter anderem im Manenzan-Seishoji-Tempel in Tokio vor Kurzem wiederbelebt worden; tote Wale werden dort „zur Ruhe gebettet“; man tut es, um ihnen die Dankbarkeit der Japaner zu zeigen – ein angemessener Brauch für ein Volk, das Wale im Kajak jagt, wie etwa die Eskimos; ein lächerliches Schauspiel allerdings angesichts elektronisch bewehrter, wohlmunitionierter Walfangboote.

Der prüde Besen

Die Zensoren in Japan arbeiten jetzt auch mit dem Bambusbesen. Der Schnee macht es möglich. Reichten bislang dicke Tinte oder schwarze Papier-Vierecke, um „Teile“ des menschlichen Körpers – ja genau diejenigen – abzudecken auf Fotografien von Man Ray oder minder begabten Künstlern, so standen die Behörden der japanischen Hauptstadt unlängst vor einem weitaus größeren Problem. Sie hatten es mit einer Abbildung zu tun, die so enorm war, daß selbst neunundneunzig Feigenblätter nichts hätten ausrichten können. Im Sobodori-Park zu Shinjuku, im Norden Tokios, der normalerweise Baseball-Spielern vorbehalten ist, hatte sich jemand im tiefen Schnee zu schaffen gemacht. Heraus kam dabei der etwa dreißig Meter lange Umriß einer nackten weiblichen Gestalt – eine Leistung, die nur von denjenigen der Nazcas-Indianer in den Anden überboten wird. Der oder die Täter, die unerkannt entkamen, hatten noch einige delikate Detail-Abbildungen in den Schnee getreten.

Diese Spuren im Schnee, von der Zeitschrift „Focus" festgehalten, mußten verwischt werden. Zwei Mann, angeblich städtische Angestellte, rückten an mit den erwähnten Besen und fegten den Schnee vom Hügelchen – Venus hätte guttural gekichert. Das Schneebild war geeignet, die Leserschaft von Focus an den doppelten Boden der öffentlichen Moral zu erinnern: während Japanerinnen an Schreinen, shintoistischen, die mit steinernen männlichen Geschlechts-„Werkzeugen" – dies ein deutsches Wort – vollgestopft sind, für die Segnungen ihres Leibes beten, kratzen Zensoren an Zelluloidstreifen und Negativen, auf denen Haare zu sehen sind, die zu benennen die Scham verbietet. Das Streben nach Fruchtbarkeit, den Göttern vorgetragen, ist sympathisch und naiv. Aber das Erwecken der Lust ruft die Zensur auf den Plan. – Selbst ein Schneefrau erhitzt sie.

DIPLOMATISCHES VERHALTEN

Streben nach Einmaligkeit

Ein scharfäugiger Beobachter der Japaner sagte: Sie „sind Menschen wie andere auch; sie werden eine derartige Schmeichelei allerdings weit von sich weisen". George Mikes – ungarischer Meister im Unterstatement, von dem dieses Wort stammt – hat recht. Wie alle bäuerlichen Gemeinschaften, die auf ihre Traditionen, Eigenheiten stolz sind, mögen sich auch die Japaner nicht mit anderen Gemeinschaften, Völkern vergleichen wollen, messen lassen. Und bäuerlich orientiert ist Japan auch heute noch, obwohl inzwischen zur starken Industrienation hochgeschossen; die Betriebe haben weitgehend die Funktionen der früheren dörflichen Gemeinde übernommen.

Das Streben der Japaner nach Einmaligkeit wird begünstigt durch die geographische Lage: sie leben auf Inseln, die nächsten Nachbarn, Korea und China, liegen hinter dem japanischen Horizont. Natürlich ist das Land heute von der Außenwelt nicht mehr so abgeschlossen wie im vergangenen Jahrhundert, als schnelle Massenverkehrsmittel noch nicht existierten, die japanischen Herrscher selbst den Kontakt mit dem Ausland über zwei Jahrhunderte hinweg abgewürgt hatten. Hunderttausende von Japanern begeben sich alljährlich, meist zu „Bildungs"-Kurzurlauben, nach Europa, in die Vereinigten Staaten; sie haben Handelsniederlassungen in aller Herren Ländern. Doch dieses Japan, das Märkte in Übersee ergründet, durchdringt, das fast sämtliche Rohstoffe über alle Weltmeere ins Land transportieren muß, dessen Vertreter weltläufig, reich an Erfahrungen mit anderen Völkern sind, hält an seinem Anspruch auf Exklusivität fest, gibt sich rätselhaft und unergründlich. Aus einem einfachen Grunde: es ist beim Umgang mit anderen Nationen von Vorteil.

Denn hinter einer Nebelwand von Einmaligkeit läßt es sich

vorzüglich am eigenen Wohlstand schmieden. Und die Japaner sind fest entschlossen, diesen Wohlstand zu verteidigen. Zum ersten Mal in ihrer Geschichte hat der größte Teil der Bevölkerung das Gefühl, wohlhabend zu sein. Dieser Wohlstand beruht auf harter Arbeit, großer Anpassungsfähigkeit an die von Moden und technischen Notwendigkeiten bestimmten Bedürfnissen anderer Gesellschaften, auf einer für eine „reiche“ Nation anachronistisch anmutenden Leidensbereitschaft der Bevölkerung, ein wenig auch aus der Zurückhaltung Tokios bei den Ausgaben für militärische Zwecke und schließlich auf der genannten Nebelwand.

Diese Wand, die die meisten Ausländer für naturgegeben halten, vielleicht auch noch verzückt anstarren, die den vernünftigen Umgang zwischen gleichberechtigten hochindustrialisierten Partnern behindert, speist sich vornehmlich aus drei Quellen: einer liebenswürdig-hinderlichen, einen bürokratisch-ärgerlichen und einer nationalistisch-gefährlichen.

Erstens: Japan ist das Land der Kirschblüte, der Teezeremonien, des Lächelns, der Geishas, des Zen-Buddhismus – der heiteren Menschen, die keiner Grille etwas zuleide tun, die den Fremden freundlich als Gast aufnehmen. Ja – der Fremde wird als Gast aufgenommen, solange er sich für Teezeremonien, Zen oder Kirschblüte interessiert; sollte er jedoch nebenher auch noch auf dem japanischen Markt etwas verkaufen wollen, mag die Gastfreundschaft gerinnen und der Gast mit seinem Japan-Bild hadern.

Zweitens: Wenn Politiker Maßnahmen zur Beseitigung etwa von Handelshemmnissen bekanntgeben, heißt dies in Japan keineswegs, daß derartige Anweisungen auch an der „Basis“ – bei den Zollbehörden zum Beispiel – tatsächlich beherzigt werden.

Drittens: Viele Japaner betrachten sich als eine von den „Beimengungen“ anderer Völker frei gebliebene, reine Rasse; sie sehen ihre Sprache als für einen Nicht-Japaner unüberwindliches Hindernis, das dem Fremden den Zugang zum japanischen Wesen verschließe; ein hier kaum belächelter Professor behauptet sogar, das Hirn der Japaner sei anders gebaut als das anderer Menschen, die folglich nie der „Kokugo“, der Muttersprache Nippons, mächtig werden könnten.

Wie sollen die Deutschen mit Japan umgehen, einem Land,

das nach der Niederlage im zweiten Weltkrieg rasch zum „kleinen Bruder“ der Vereinigten Staaten wurde, dreißig Jahre später auf einigen Gebieten mit diesem Bruder und anderen Industrienationen konkurriert? Nein, „Reziprozität“ – also Gleiches mit Gleichem bei nicht tarifären Handelsschranken vergelten – ist nicht wünschenswert wegen der Notwendigkeit, den noch recht freien internationalen Handel aufrechtzuerhalten. Nein, auch nicht Druck auf Tokio, mehr für militärisches Gerät auszugeben: viele Japaner fühlen sich militärisch nicht bedroht. Und die Verteidigung der Seewege, zum Beispiel vom Arabischen Golf bis nach Tokio, auf denen Öl herangeschafft wird, ist auch einer weitaus größeren Militärmacht nicht möglich – zu schweigen von der Furcht der nachbarlichen Wirtschaftspartner Japans, die durch eine umfangreiche Aufrüstung geschürt würde.

Die wirtschaftliche Großmacht Japan würde am liebsten alleine und in Ruhe gelassen werden. Aber sie kann nicht mehr umhin, ihre politische Rolle in der internationalen Gemeinschaft zu bestimmen. Das braucht Zeit, und es ist allein Sache der Japaner. Lauthals vorgetragene Vorwürfe aus dem Ausland könnten den japanischen Nationalismus anfachen. Falls den Deutschen tatsächlich an einer Verringerung des Handelsdefizits mit Japan gelegen ist, gibt es nur ein Mittel: Japanisch lernen und mit schlitzohriger Liebenswürdigkeit gegen manchen allzu kurzsichtig-egoistischen japanischen Beamten anrennen, um die Nebelwand zu durchlöchern, den Markt zu öffnen und den Japanern zu zeigen, daß sie Menschen wie andere auch sind.

Zwischen den Supermächten

Die Japaner wissen nicht, wohin sie gehören. Das ist gefährlich. Natürlich wird fast jeder Parlamentarier – seit Jahrzehnten regiert die konservative „Liberaldemokratische Partei“ – brusttontief die Zugehörigkeit seines Landes zum demokratischen Westen bekräftigen. Doch lassen wir einmal die ostasiatischen Gepflogenheiten verbundene hiesige Demokratie beiseite: zum Westen kann sich Japan nicht zählen, wegen offensichtlicher geographischer Gegebenheiten. Nippon ist die stärkste asiatische Industrienation. Zum Osten aber wollen sich einflußreiche Japaner nicht bekennen. Denn wen hätten sie hier schon, mit dem sie sich identifizieren, mit dem sie eine gewinnbringende Freundschaft schließen könnten? Die Koreaner, ihre nächsten Nachbarn? Ja woher! Die Koreaner waren einmal von japanischen Gesellschafts-Ingenieuren und deren militärischen Vorreitern kolonialisiert worden – diese Unterlegenheit vergißt mancher Japaner den Menschen auf der Halbinsel nicht so rasch. Sie sind zwar heute hie und da Konkurrenten, beim Schiffsbau etwa, sind aber doch nur eine „Schwellen-Nation". Ähnliches trifft für die Bewohner Taiwans, der Philippinen und anderer schon in Südostasien liegender Staaten zu – alles industrielle Halbstarke. China, die ausgemergelte Mutter japanischer Kultur? Ja, wenn die Menschenmassen hielten, was sie versprechen könnten: eine Milliarde Konsumenten, viele Arbeitskräfte, die bei der Förderung von Rohstoffen hilfreich wären. Doch werden die Chinesen nicht regiert von unberechenbaren Kommunisten? Das Verhältnis zur Sowjetunion, einer ernst zu nehmenden asiatischen Macht, ist unterkühlt, Jahrzehnte nach dem letzten Weltkrieg ist ein Friedensvertrag zwischen Tokio und Moskau immer noch nicht abgeschlossen.

Natürlich sind die Vereinigten Staaten der wichtigste Partner, neben Japan die andere pazifische Weltmacht. Doch im Verhältnis zwischen den beiden Ländern sind Risse entstanden. Nicht nur wegen der schon alltäglichen Beschwerden aus Amerika über unfaire japanische Handelspraktiken; auch nicht nur wegen der lästig erscheinenden Forderungen Washingtons nach höheren japanischen Ausgaben für militärische Zwecke. Nein, die Irritationen haben auch Ursachen, die tief im Bewußtsein dieser Nation zu suchen sind. Japan, noch nie von „Fremdvölkern" erobert, mußte im letzten großen Weltkrieg erleben, wie sein Gottkaisertum, wie ein – zugegebenermaßen im nachhinein lächerlich erscheinender – Anspruch auf Einmaligkeit und Rassereinheit zusammenstürzte. Die Amerikaner, die mit Brand- und Atombomben die Hauptinseln tödlich getroffen hatten – nachdem sie selbst unter größten Verlusten die kaiserliche Armee im Pazifik überrannten –, spielten sich dann gar nicht wie Eroberer auf – Eroberer, wie sie sich die japanische Bevölkerung vorstellte dank der Propaganda und der von den eigenen Soldaten im Ausland begangenen Greuel. Die amerikanischen G.I.s rannten nicht mordend, vergewaltigend, brandschatzend durch das Land. Dies mag der zivilen Bevölkerung, die unter einer Diktatur normalerweise das unauffällige Überleben praktiziert und auf bessere Zeiten hofft, mit Erleichterung erfüllt haben; es hat sie aber sicherlich auch an den unergründlichen Weißen zweifeln lassen. Der Krieg war verloren, doch danach blieb die Strafe der Sieger aus.

Die Japaner konzentrierten sich damals darauf, den Amerikanern – die ihnen nun wie ein großer Bruder erschienen – nachzueifern in deren Fähigkeiten, Motorräder, Schiffe, Autos, Radios zu bauen, auch im äußerlichen Lebensstil und innenpolitischen Gebaren. Von militärischen Dingen wollte die Bevölkerung nichts wissen; sie hatte natürlich noch nicht vergessen, daß japanische Militärs mit ihrem Großmachtgehabe Tod und Verderben über ihre Inseln gebracht hatten. Doch die neuen Freunde drängten während des Koreakrieges die japanische Regierung zur Aufstellung einer quasi-militärischen Truppe. Aber hatte nicht gerade kurz vorher die Besatzungsmacht unter General MacArthur eine Verfassung für Nippon mitformuliert, die auf jegliches Militärpotential verzichtete?

Auf diesen Artikel neun, der unter anderem besagt: das Recht auf Kriegführung durch den Staat wird nicht anerkannt, verweisen die Gegner einer wie immer gearteten Aufrüstung in Japan. Nun ist es schwer, heute die Stimmung innerhalb der Bevölkerung für oder wider ein stärkeres militärisches Engagement auszuloten – Wahlen sind eher von persönlichen Loyalitäten denn von Sachfragen bestimmt. Von großen Zeitungen – fast alle sind den regierenden Konservativen nicht wohlgesinnt – vorgenommene Umfragen, in denen regelmäßig eine vorwiegende Haltung der Bevölkerung gegen mehr Militär ausgelotet wird, können schwer als repräsentativ bewertet werden. Es gibt sicherlich auch eine erhebliche Anzahl von Japanern, die dazu neigen, den amerikanischen Forderungen nach höheren Verteidigungsausgaben nachzukommen; und zwei weniger große Gruppen, die entweder von einer militärischen Großmacht Japan träumen oder aber im waffenlosen Pazifismus das Heil erblicken.

Die Japaner wissen heute mit dem ehemals großen Bruder,

der – jedenfalls gemessen an seinen Beschwerden und selbsteingestandenen wirtschaftlichen Schwächen – nicht mehr so groß erscheint, weniger anzufangen. Das liegt zum Großteil an Washington. Der Regierung dort fehlt es an einer dort wohldefinierten Asienpolitik, ihre Außenpolitik beruht auf einer simplen Freund-Feind-Einteilung, die manchem Staatsmann auch in Ost- und Südostasien allzu plump vorkommt. Eine derart bipolare Weltsicht taugt kaum als Basis für eine mit Fingerspitzen zu betreibende Diplomatie. Das beste Exempel für eine mißlungene Kategorisierung des Freund-Feind-Bildes in der jüngeren Geschichte sind die chinesischen Kommunisten: einst, bis Anfang der siebziger Jahre, als „rote Banditen“ abgetan, wurden sie plötzlich in Washington hoffähig, weil man sie als „China-Karte“ im Poker mit der Sowjetunion sah, auch als attraktiven Handelspartner. Beides erwies sich als nicht stichhaltig. Andere Beispiele für derartige amerikanische – auf Unkenntnis oder auf Sendungsbewußtsein beruhende – Naivität im Umgang mit asiatischen Nationen könnten aufgeführt werden. Diese Schwarzweißmethode ist den Japanern von heute fremd, auch der regierenden Liberaldemokratischen Partei (LDP).

Die regierende LDP ist eine recht konservative Partei, die es nicht nach kommunistischen Paradiesen dürstet. Sie setzt sich, wie andere Gruppierungen hier auch, für eine Rückkehr der von sowjetischen Soldaten zu Kriegsende besetzten vier japanischen Inselgruppen nördlich von Hokkaido ein (Moskau gäbe sie vielleicht zurück, würde sich Japan zum „Neutralismus“ bekennen). Auch ist sich die Partei einig in der Verurteilung der sowjetischen Aggression gegenüber der afghanischen Bevölkerung.

Doch hieraus muß nicht gefolgert werden, daß selbst eine von der LDP gestellte Regierung in Tokio immer eng an der Seite eines antisowjetischen Präsidenten in Washington stünde. Japan ist eine asiatische Nation. Das Drängen Amerikas nach höheren japanischen Verteidigungsausgaben mag Musik in den Ohren einiger japanischer Industrieller sein, die Waffen produzieren und hoffen, Tokio werde eines Tages die äußerst strengen Ausfuhrkontrollen aufheben und ihnen dadurch einen neuen Markt erschließen; Musik auch in den Ohren rechtsradikaler Gruppen, die seit Jahr und Tag für ein starkes Groß-Nippon lärmen. Aber dieser beständige Druck aus Amerika wird in vielen Ländern der Region – nicht nur in kommunistischen – nicht unbedingt wohlwollend zur Kenntnis genommen; dort erinnert man sich noch gut der Besatzungsgruppen unter dem Sonnenbanner. Dort mag man sich fürchten vor einem militärisch wiedererstarkten Japan, das – möglicherweise – eines fernen Tages den Sicherheitsvertrag mit den Vereinigten Staaten für nicht mehr zeitgemäß halten könnte und selbst als eine asiatische „Ordnungsmacht“ handeln möchte.

Die Japaner wissen nicht, wohin sie gehören. Nein, noch suchen sie den Schutz, die psychische Geborgenheit in der Nähe der Amerikaner. Aber erstmals wehen nun auch ihnen die rauhen Winde der militärischen Konfrontation zwischen den beiden „Super“-Mächten um die Ohren: die SS-20-Raketen in Sibirien können sicherlich Japan erreichen; noch ist unklar, ob Washington und Moskau auch über für Japan bedrohliches Arsenal verhandeln werden. Tokio verlangt danach und reagiert verdrossen auf die unausgesetzten amerikanischen Forderungen. Sie mögen, zumindest im Bereich des gegenseitigen Handels, gerechtfertigt und hilfreich sein: die Amerikaner haben verstanden, daß allein auf diesen unablässigen Druck Zugeständnisse von japanischer Seite gemacht werden. Die vielgepriesene Harmonie auf den Inseln, die es herzustellen gelte, bevor ein Entschluß gefaßt werden kann, wird manches Mal eher als ein Schutzschild benutzt, hinter dem der japanische Vorteil ausgebrütet wird. Es ist allerdings fahrlässig, diese im wirtschaftlichen Wettbwerb angewandte Technik unbedingt hinter der Zurückhaltung vieler Japaner angesichts der Forderungen nach mehr Militär zu vermuten. Denn: die Japaner wissen eigentlich nicht, gegen wen sie ihr Militär eines Tages überhaupt ins Feld führen sollten.

Es wird Zeit, daß sich Washington mit Tokio berät, welcher Art eine strategische Zusammenarbeit in Asien in Zukunft sein sollte. Ein purer Anti-Kommunismus, der die unterschiedlichen Aspirationen der Regierungen in Kabul, Phnom Penh, Hanoi, Peking, Pjöngjang oder Moskau außer acht ließe, verfängt bei den Außenpolitikern Japans nicht. In Tokio wird eher darüber nachgedacht, wie die Zufahrt von Rohstoffen, Herzblut für das Land, garantiert werden kann. Da scheint eine bessere sicherheitspolitische Zusammenarbeit mit den Ländern Südostasiens oder des Nahen Ostens –

gepaart mit Entwicklungshilfe für schwächere Nationen in dieser Gegend – genauso sinnvoll wie eine Ausweitung des Handels zwischen Japan und der Sowjetunion oder eine ernsthafte Diskussion mit Washington über die Sicherung von Seewegen.

Bisher haben sich die Japaner geborgen gefühlt unter dem „nuklearen Regenschirm" Amerikas; Washington andererseits hat sich an „seine" vorgeschobene ostasiatische Basis Japan gewöhnt. Doch Japan wird weltpolitisch erwachsen. Im Stimmbruch ist es schon.

DIE GESCHICHTE VOM SAMURAI

Der Sieg ohne Hände

Japaner achten einen Gegner keinesfalls gering, sie entledigen sich seiner aber – wo möglich – mit Eleganz und ohne Anstrengung. Es wird die Geschichte erzählt, daß der berühmte Samurai Bokuden eines Tages auf einem Fährboot über den Biwa-See übersetzte; das Boot war voller Pilger, die zu irgendeinem Tempelfest wollten – alles einfache Leute, Händler und Bauern, mit Ausnahme seiner selbst und eines jungen Mannes mit zwei Schwertern – ein großgewachsener und hochnäsiger Prahlhans. Plötzlich, durch ein Schlingern des Bootes, berührte ein Händler mit seiner Sandale aus Versehen ein Schwert des jungen Samurai. Der brüllte: „Hinfort mit dir, du kothüfiger Stümper! Wie kannst du es wagen, mit deinem schmutzigen Schuh meinen Stahl zu berühren?“ Der Arme fiel vor ihm auf die Knie und weinte: „Hochwohlgeboren, vergebt uns wurmähnlicher Kreatur diese Unachtsamkeit, die wegen eines Stoßes im Schiff geschah und nicht wegen Respektlosigkeit gegenüber Eurer Erhabenheit.“ Doch der Schwertträger stieß ihn mit Füßen beiseite und griff nach seinem Kurzschwert, als wollte er ihn zerstückeln.

Bokuden, der in der Nähe stand, berührte den Jungen am Ärmel und sagte: „Sire, kühlen Sie Ihr Mütchen, bevor Sie etwas tun, was Sie morgen bereuen werden. Denn die Kränkung war nicht beabsichtigt und ist durch höfliche Entschuldigung gesühnt.“ Da drehte sich der andere um und brüllte: „Wer bist du, der sich ungefragt in diese Angelegenheit einmischt?“ „Ich bin, wie Ihr seht, auch ein Samurai mit zwei Schwertern wie Ihr und spreche die einfache Wahrheit.“ Der Heißsporn knurrte: „Sieh dich vor, daß meine Klinge nicht statt seines in deinen Kadaver eindringt.“ Bokuden: „Man sollte nur der eigenen mageren Fähigkeit trauen und der Rechtschaffenheit seiner Absichten.“

„Fähigkeit?“ schnaubte der Junge. „Ich bin ein Meister der Schule der Unbesiegbaren. Ich werde dir eine Lektion erteilen, im Kampf und im Benehmen.“ Er zog sein langes Schwert. Doch Bokuden antwortete ruhig: „Zwar ist es belanglos, bin ich doch nur ein mit Mängeln behafteter Schüler der Lehre ‚Sieg ohne Hände‘. Aber wie könnt Ihr über ein Duell hier auf dem überfüllten Boot sprechen? Wir werden früh genug ein Ufer erreichen.“

Nun war die Fähre gerade in Lee einer kleinen Insel – eines kleinen Fleckens von Sand und Dornengestrüpp –, und Bokuden sagte den Ruderern: „Fahrt dorthin.“ Als der Bug über die Kiesel knirschte, sprang der hochmütige junge Samurai an Land und brüllte Bokuden zu, er solle folgen. Bokuden nahm eine lange Stange in die Hand, als ob auch er an Land springen wollte. Statt dessen jedoch brachte er die Fähre mit einem gewaltigen Stoß wieder in tieferes Wasser. Der Junge schrie: „Komm her, du Feigling, hole dir deine Strafe ab.“ „Nein, nein, habe ich Euch nicht mitgeteilt, ich sei von der Schule ‚Sieg ohne Hände‘?“ Zu den Ruderern sagte Bokuden: „Laßt euch von jenen leeren Flüchen nicht beeindrucken. Fahrt weiter zu eurem Ziel. Und damit ihr sicher seid, daß ich allein aus Gnade mit dem Prahlhans gehandelt habe, wisset: Mein Name ist Bokuden.“

Als dies die Passagiere hörten – Bokuden war der berühmteste aller lebenden Schwertkämpfer –, verbeugten sie sich in Bewunderung. Die Begebenheit wurde verbreitet als Zeugnis für die wahre Lehre des „Bushido“, die da sagt, daß die größten Siege mit dem Schwert gewonnen werden, ohne eine Hand an den Griff zu legen.

Diese Geschichte wußten vor einigen Jahrzehnten noch japanische Erzähler unten am Fluß im Schatten der Weidenbäume über Bokuden, der im sechzehnten Jahrhundert gelebt hatte, zu berichten; so ist sie der ausländischen Welt überliefert durch den begnadeten Zuhörer Post Wheeler, der durch Tokio streifte, die Ohren offenhielt und englisch niederschrieb, was ihm die „Hanashika“ auf japanisch boten. – Doch die Zeiten des Bokuden, der Erzähler und des Post Wheeler – sie sind vorüber. Die Geschichte allerdings ist auch heute noch vielen Japanern geläufig, und ihre Moral erscheint ihnen keineswegs althergebracht.